九色鹿

UNDERSTANDING CHINA
THROUGH ARCHAEOLOGY

代车马

号: ALNM

坑内葬1车

马、无人、

年发现于刘

北地

从 考古 发现
中 国

张经纬

著

社会科学文献出版社
SOCIAL SCIENCES ACADEMIC PRESS (CHINA)

前言　从考古中发现中国

回归考古人类学

　　我没有受过学院式的考古训练，不太热衷于寻访古迹，也没去过考古工地参与专业性考古（这一点要澄清一下，工地我还是去过的，只不过是以访客的身份），但我热爱考古。

　　我对器物类型不太敏感（嫌"卣、罍、斝、觯"这些名字太难念），不太认得甲骨文，还不怎么记得住考古学文化（大一点儿的良渚、红山文化还好说，小一点儿的朱开沟、宝墩文化每次都要翻地图，才弄明白在哪里，可下次难免又忘），但我热爱考古。

　　我最早对社会学兴趣浓厚，大学专业选择了历史，后来进了博物馆工作，但我热爱考古。

　　所以，我想走一条捷径，就去学了人类学。

　　我是看着张光直先生的《中国考古学论文集》入门的，尽管后来把这本书也同时作为我的人类学启蒙读物。我心目中的考古学就应该是这个样子的：在人类学的思维下，重新认识我们发掘的考古或历史材料。

我就读过一个（曾经）开设考古专业的人类学系——厦门大学人类学系。最初创办人的远见与格局令人敬佩。因为在现代学术体系中，大部分考古专业都是作为人类学传统四分支之一大人类学系的一部分而设立的。但在中国学术体系下，由于历史和现实的原因，考古系往往独自存在，或者依附于历史系（或文博系）中，几乎很少受到人类学影响，也很难吸收最新的人类学理论成果。

很久以来，发现"最早的中国"一直都是中国考古界孜孜以求的核心目标之一。然而，现实与理想之间的脱节，却与这个目标的出现相伴始终。通过发掘早期的遗址，来确定史前文化的形态和年代，是全世界通用的方法。可如何在广袤的中国大地上发现前人留下的遗迹，或者用现已证实的考古成果来重新勾勒史前文化传播的轨迹，就变成了一项困难的任务。

原因就在于，中国考古学在很长一段时间里，都没有摆脱"金石学"的传统，始终坚持围绕出土器物（而非器物背后的动态社会结构）展开研究。这样便很容易将视野局限于某个具体的遗址，从而忽略了史前中国这张无比巨大的文化网络。

在这样一种研究范式的指导下，就难免出现尴尬的一幕。某年发掘出一个位于河南的史前文化，于是当地考古工作者郑重宣布，"最早的中国"在中原。次年在山西发掘出一个比河南更早的史前文化，于是"最早的中国"搬去了山西。尔后，可能又因为新的发现，"最早的中国"便在山西、陕西、内蒙古之间来回搬家（有时还会搬去湖北）。我把这种现象戏称为"打哪儿指哪儿"。唯一的遗憾是，任何一个新发现的"最早中国"都不能把心放宽，因为不知道什么时候又有"更早的中国"等在前头。

之所以会出现"打哪儿指哪儿"的问题，就在于被"物"所束缚——过于忠于发掘对象，以至于失去了全局性眼光。举个例子来说，20 世纪以来的现代钢筋混凝土建筑，都有非常深厚，多达几十米、上百米的地基。假设未来的考古学家，对 20 世纪的遗址进行考古，由于地表部分荡然无存，但地下建筑保留完好，他 / 她是否会得出结论——20 世纪的人类都生活在地下，进而推论出人类祖先都为"地底物种"的想法？很有可能，一个忠于发掘对象的未来考古学家，会得出上述荒谬的结论而不自觉。

如果这个假设被运用到中国当代考古研究中，就不会觉得如此不可思议了。有关古代中国的考古发现大部分集中在古人留下的墓葬遗存中，这些墓穴中的随葬品，丰富了我们对古代社会的认识。尽管我们不会认为"20 世纪的人类都生活在地下"，但不可否认的是，围绕墓葬器物等级形成的"礼制"研究，以及用"城市、宫殿、阶级"这些硬指标来辩论遗址是否临近"文明"的边缘，却始终成为中国考古学的主流方向。

我醉心于人类学化的考古研究许多年，已无法自拔地深陷其中，试图凭着人类学的武器，向着考古学领域的终极问题发起堂吉诃德式的冲锋。因为我始终秉持这样一种理念：我们挖掘出的古人遗存，只是真实存在过的古代社会的千万分之一。用这些"冰山一角"来模拟、重建那座古代文化的"冰山"，是人类学赋予我的一项使命。

"物质主义"的维度

　　如何摆脱这种在"冰山"中摸索的迷茫，是我思索中始终挥之不去的惆怅。虽然有人称我为"唯物"的人类学家，但我更愿意自认为"物质主义"或"古典自由主义"取向的人类学研究者。因为我所钻研的人类学告诉我，维系任何一个社会存续的核心层面，只有经济，而非单纯的文化、政治、宗教、思想这些我们以往认为和经济同等重要的因素。

　　人类学研究整个社会，不拘大型还是小型社会，首先会关注这个社会的生计类型。朴素的说法是，"靠什么吃饭"；文绉绉的话是，"经济方式"。我们平时说的"靠山吃山，靠海吃海"就是这个意思。这里的"山"和"海"，就是决定生计类型的环境因素。而一个社会的文化，就会按照生计方式逐步展开。比如说，对于农业社会来说，他们的生活节奏会按照"农忙－农闲"的节奏展开，体力活动被固定在农忙的那几个月份，生活中的娱乐、祭祀、婚姻、外出则被安排在农闲的时节。而对于游牧社会而言，他们的生活大致会围绕"夏场－冬场"这样的气候变化，在高山与河谷之间转换，他们最忙碌的大约是转场那段时间，而在河谷聚集之日就成为一年中社交最频繁的时候了。

　　总而言之，什么样的经济方式，便引导出什么样的文化类型。如果世界上所有的文化都在自己的环境（山/海）当中过着周而复始的生活，那么他们留给我们的也就是亘古不变的历史。幸运的是，人类之所以不断进化，就因为我们都热衷于迁移——高山与河谷之间转场，就是一种最本质化的迁移，因为每次的路线都不会和上次完全重合，时间久了，就会积累可观的偏离。

当海边之人遭遇山下之人，物质的流动就会发生，鱼和羊的滋味，所有人都想了解。我在《四夷居中国》一书中提出过一个人类社会变迁模型。社会的变迁往往会萌发于两种文化发生接触的地区，海边之人想要获得山下之人的物品，反之亦然。有人会在这场交换活动中，成为连接彼此的中介；更耐保存的农业产品汇聚在中介处，等待季节性畜牧产品的到来。久而久之，中介之人便成为双方物品的收集－分配者，他／她会成为外来物品的专职管理者。在晚期的人类学报告中，这类角色会称作头人或酋长。这种对物品分配的擅权，就是最原始的权力之源，政治由此出现。

为了定期获得某种外来物品，或完成一项任务（比如，筑城自保，保卫受人觊觎的交换物品），需要社会成员共同承担支出（税收的雏形），而发号施令者的职位，往往被具有号召力的物品分配者垄断。社会成员对这位自视高人一等的号令者并不一定买账，人人缴纳份额的方案也不总让所有人满意，因为原先都是相互平等的个体。于是，一种试图推翻自封"首领"，回归最初平等状态的观念，便开始蔓延开来。人们希望打破当时被管束、控制的生产状态，回到一种"混沌初开"抹平所有物质差距的时刻。所以，我们可以发现，所有宗教都存在一个想象的"创世"时刻，或正走在回到这个时刻的路上。

社会内部矛盾重重，对"首领"的质疑此起彼伏，最终使收集－分配的体系难以为继。随着社会成员不再能汇集产品、交换外来物品，海边之人和山下之人都会对对方的失约感到沮丧。当一个兴致勃勃前来换取来年物资的群体，遇到一个四散分离、难以履约的前交换伙伴时，很难保证前者不会一反常态，直接动手拿走往年固定的例份。或者，更进一步，对爽约的交换伙伴施加武力打击和外力约束，使之彻底沦为丧失大部分自由权利的固定生产者。一个有着外来统治者和底层本土劳动者的二元"阶级"社会就此诞生。

海边之人与山下之人终于合成了一个复合体，他们的生计方式开始逐渐趋同。只是，这个新社会复合体的财富收集－分配者比之前的更具权威，也更有手段。

不论是海边之人努力推翻"酋长"，并抵御外来者的经历，还是山下之人团结在某位交易首领之下，攻克背信者堡垒的传奇，都会以不同版本的形式留在新的复合体的记忆中。有人把它们称作"故事"（过去发生的事情），也有人把它们称作"历史"（经历过的事情）。

从宏观角度来说，由于人类始终保持迁移（既是外来者的移动，也是自我的移动），总有一天，这个成熟的复合体会再次遇到新的山下之人或海边之人。随着这个机制再次启动，人们将会期望从过去的经验中得到启发，或者是效法传奇的交易首领，或者是追逐富有的酋长。从对他们事迹的讲述中，诞生了诗歌；从对他们历险过程的描摹中，诞生了绘画；从对他们言语和举止的模仿中，诞生了吟唱和舞蹈；从对他们犟蹙和抉择的想象中，诞生了表演。所有这些"艺术"的类别，共同组成了"神话"，因为由健在者再现那些早已故去人物经历的行为，有一个人类学术语——降神附体。

从经济（生计类型）开始，我们呈现了政治、宗教、社会（等级）、历史、艺术以及神话等这些人文领域研究所有主题的发生机制。而在这一切的背后，始终不可或缺的就是不同人群之间的迁移与物质交流。

本书的框架

建立在这样一种对古代社会发展脉络的认识基础上，我铺设了本书五个板块主题的基本格局。虽然考古、中国、神话、方法和诸野五个板块，并没有完全对应从经济到神话这些具体的内容，但贯穿了我对中国从史前到文明阶段的全部认识过程。

在第一编中，我用 7（+1）篇评论构成了我对中国考古的反思和探索。考古不是"打哪儿指哪儿"，而是一种对考古资料的整体思考。构成古代文明核心的不是一件一件器物遗存，而是曾经制造了这些物件的人群。当人群发生互动时，物件则是他们之间发生关系的真实记录。本编头三篇文章，重新思考了中国考古学在当下的主要问题和可能的路径，提出了从传统的考古类型学向人类史的转变。接下来的几篇文章，则从生产与交换的角度，给出了人类史转向的具体方案。

传统历史研究曾经将气候的变迁作为人类迁移的充分必要条件，而通过人类物质交换的视角，我们得以打破"气候史"的误区——气候的变化只是迁移的充分非必要条件之一。事实上，当人类物质交换导致的人口规模增长超出环境容量的极限时，迁移以及随后的文化遭遇（不同地理区域之间人群的碰撞）就会发生。从这个角度分析，我们便解开了中国历史上诸多北方族群兴起的奥秘。而这一思路也为我们探讨中国从史前到历史阶段的发展脉络提供了新的方向。

第二编主题"中国"，即从第一编的尝试顺势而下，让我们借助已有的思路，重新认识古代和当代的中国历史。从古至今，我们始终使用一种维度有限的视角，来审视历史，审视自己。打一个不太恰当的比喻，如同即时战略游戏中，被"迷雾"笼罩的初始阶段。不论我们如何探索，往往只能探明地图上有限的区域，他者永远都在出其不意的位置，与我们承担侦察任务的拓荒者发生遭遇。而我们的历史记载，在大多数时候，都来自这些局部地图的有限观察，其所能提供的信息局限自然是可想而知的。

21 世纪的技术发展，为我们提供了更为整体性的观察角度。当我们利用卫星地图，在三万英尺的高空，获得历史事件的全局性俯瞰时，无论是与人类史有着密切联系的"丝绸之路"，还是现代世界的起源及当代中国的选择，都能得到和以往不同的观点。而所有这些思考的成果都汇成了我在《四夷居中国》一书中对"中国之为中国"的全面解读。

第三编的神话主题，是我长期关注的主题，也是探索中国和世界的重要凭借。神话是从亘古时代流传下来的史前记忆，还是历史上某个时刻为了具体诉求临时创造出来的现实背书，是我们在研究此类历史文本时需要解决的核心问题。

幸运的是，我从本科时代尝试翻译的第一本外文学术作品《二十世纪的四种神话理论》中，找到了解读神话的理性主义门径。而列维 – 斯特劳斯和普罗普（见本书姊妹篇《与人类学家同行》中《不缺传记的人类学家》一文）为我提供了结构主义神话学这把打开秘境的钥匙。因此，只要掌握这把人类学分析的密钥，无论是古代中国的"神谱"，还是现代主义路径上德国的"经济神话"，甚至是当代社会领域中的"体育神话"，都能为我们展现其背后的社会变迁理路。

此外，我在本编中还加入了《外三篇 刹那成永恒 ——人类学视野中的"告别仪式"》。通过这样一篇短文与上一篇《千人缘为一面：探索神话中的英雄之路》的组合，我们或许可以窥见在人群迁移背景下，人类普遍交换形式是如何孕育出社会层级、文化交流，以及英雄神话母题等我们熟知的文化要素的全部过程。相信不久之后，这个板块的核心，会独立成为一本新作的序曲。

第四编为"方法"，尽管没有田野考古的经验，但是我依然认为一种纯粹的思维工具可以帮助我们更好地审视历史。有时候，发现新知不仅仅是实地发掘的古人遗址。如果我们可以通过思辨，去除以往观念中的缺陷和陋见，就能从既有的材料中导向全新的认识。

因此，这一板块不但收录了对人类文明研究的最新认识，也探讨了考古研究中的种种误区，其中既有关于史前人类的偏颇认识，也有中国历史考古对既定主题的偏执。当然，纠正错误并不是我们追求的全部。有关中国考古及文博的"矫枉"心得，已通过拙作《博物馆里的极简中国史》呈现出来，有兴趣的读者可以移步探讨。

第五编称为"诸野"，收入了若干篇与具体历史研究有关的长书评作品。从婆罗洲到柬埔寨，从中甸到康定，这些我们眼中边缘的历史，其实位于他们自己的中心。如何透视这些本文化视域中"没有历史的人民"，将为我们更好地审视自身提供难得的维度。同时也可以帮助对人类学抱有兴趣的历史研习者获得人类学的想象力，从社会整体的角度展开对人类历史的思考。

从一个初出茅庐的书评作者，到一名职业选手，我差不多走过十年的时间。作为最后的彩蛋，我会在这一板块中将这段浓缩的历程向读者全部敞开。

砌好每一块铺路石

　　许多年过去，我是否找到了那条通往历史深处的捷径，还需要未来岁月的证明。不过，我仍将坚持运用人类学的透镜，打量考古、历史研究的领域。

　　我很少写作纯粹的学术论文，书评大概就占据了原本留给学术创作的时间。当然，这也不代表我在考古或历史类书籍评论领域更有发言权。只是，这些实践在我从评论者转向独立的研究者、写作者的漫漫长路上，承担了铺路石的重任。在很长一段时间里，身兼评论者和创作者的角色，让我保持了一种"他者"的视角。

　　正如在评论他人作品时，最直接的需求，就是辨别"良莠"，区分高下，找出作者的思路，提炼作品的新意，我也逐渐形成了判别作品水准的自我标准，并用这套原则修正自我的写作。所以，仅从写作者的角度出发，私以为这些原则或许对许多潜在的研究者也有一些参考价值。

　　第一，建立一套自洽的逻辑。一篇好的书评和一本好的作品有着类似的评判标准——说清一个道理。一位优秀的作者会按照一套完整的逻辑体系，提出假设，进行论证，接受质疑，得出结论。读者们会在阅读的过程中，享受缜密思维的愉悦感。

　　而对于书评作者而言，我们的首要任务，就是发现这条逻辑脉络，并将这条阅读的线索提供给潜在读者。比如，在《德鲁克与"经济人的末日"》一文中，我们可以发现，"经济人的末日"之所以意味着"极权主义的起源"，就是因为当经济发展面临问题时，究竟是用技术和文化上的变迁来改善不利的局面，还是以削足适履的强制方式来逃避发展难题，是一个所有社会都要面对的问题。这个问题不仅困扰了 20 世纪 30 年代的德国，也给今天的世界提出了一道思考题。那么通过揭示这条线索，就可以在最短时间内，帮助我们逼近德鲁克所面对的极权主义德国。

第二，拥有跨学科的判断力。每一个作者都有自己的知识体系，而作品的结构就建立在这样一种体系之上。要求所有的书评人都比作者更懂得作品，这显然是一种不太实际的奢望。但是更全面的知识储备，能让我们在面对作品时有更犀利的判断。如在《人参的功效就是图个开心，益智就算了》一文中，有限的现代药理学知识，可以让我们发现，人参的药用价值在很大程度上是由明清时代经济交换关系所建构出来的。回避这一关键因素，将使我们的思考受到蒙蔽。因此，从这个跨学科角度出发，能让评论者从更客观的角度判断作品的价值。

第三，不应以"罗列"替代思考。许多书评写作者或研究者都酷爱这一写作方式，但从阅读者的角度并不可取。将任何主题按年代展开，将每个朝代的相关内容罗织其中，与其说这是合格的研究，不如说这是某一具体条目的资料汇编。

所以，拥有逻辑、保持判断力的同时，还应意识到任何一篇书评作品都不应是所评书目的附庸。一方面，我们需要避免按章节归纳核心含义的书写方式；另一方面，也需要放弃"掉书袋"式的写作。只有充分理解了一部作品的全部含义，才能令我们成为一个和作者产生真正交流的平等对话者。

第四，我想说，在阅读考古、历史研究时，始终保持人类学的洞察力，将让你发现意想不到的收获。本文第二编中的"物质主义"维度未必是一种颠扑不破的解释模型，但是，这样一种把人类社会各组成部分有机结合在生产维度的思维方式，将是人类学对当前人文领域研究的贡献之一。至少，这为我们将分散成各个人文学科的社会不同领域重新融为一体提供了可能。

　　本书中收入的这些书评，可以算作我在尝试建立这一解释模型时所留下的痕迹或笔记。在这里，我愿将这些带有探索性质的思想历程与各位分享。希望借助这张图谱，让我们拥有这种更具整体性的视角，来审视人类的历史与当下。同时，也有益于我们在吸收前人研究成果、开始自己的探索前，获得更可靠的凭借。不论距离考古工地有多遥远，都能通过人类学的指南针，找到通往远方之路。

目　录

第三编 神话

第四编　方法

第五编　诸野

第一编　考古

　　除了"面朝黄土背朝天"的辛勤发掘以外，我们仍需明白，考古同样是一种思考的工作。我们终究不可能挖出古人世界的百分之百；单纯地以为那碰巧挖掘出的百万分之一，便可以代表古人所思所为的全部，实是一种蠡测管窥的徒劳。

　　利用好今日已经成功出土的考古数据，就是我们重建古人世界的关键所在。正如人类学研究当代民族的生产与交换，以及由此展开的社会交往，我们有理由相信，千万年前的古人在基本欲求方面与今日无异。对于社会而言，"在祀与戎"的重要性于任何层面而言，都不会超过生产本身。

　　因此，借助人类学对人类社会的整体认识，将帮助我们重新把考古发现中那些被错误放置的拼图放回它们应属的位置，并由此指引我们以一种动态的视角发现那张掩盖于器物之下的人类文化交流的网络。

1. 无处可寻"夏"踪迹*

有夏之居

　　著名考古人许宏先生出版了《何以中国：公元前 2000 年的中原图景》，这是近年来为数不多愿意放下专业身段向公众介绍考古常识的普及作品。在这本深契 2014 年中国文博界"公众考古"主题的作品中，身为二里头考古工作队队长的作者不但延续了上一本著

* 本文为许宏所著《何以中国：公元前 2000 年的中原图景》一书评论，原文发表于《东方早报·上海书评》（2014 年 12 月 21 日刊）。

作《最早的中国》以河南偃师二里头遗址为中心的夏、商考古成果的探索，还以此为契机，继续向前追溯，把以往对公众而言稍嫌陌生、分布于汾河下游与黄淮平原的更早期古代人群留下的文化遗址分享给了读者。

20世纪50年代，考古学界根据古代文献"夏在伊洛之间"的传说，找到了河南偃师二里头遗址。尽管没有文字和明确的实物证据证明这里就是传说中夏代末帝桀之所都（比如，像安阳殷墟一样，提到商代诸王的甲骨卜辞和带铭文的青铜彝器与墓葬中的骸骨一同出土），但这并不妨害求"夏"心切的发掘者认为二里头"一到四期遗存都属于夏代"（但包括许先生在内的当代考古人已逐渐接受二里头后几期文化遗存有可能与商代早期重合的观点），因为从宫殿遗址的规模和出土的玉质、铜质遗物来看，这里的确当得起商代之前大规模文明都城的级别。不管怎样，当代考古学界是将二里头遗址视作夏代存在的证据的，但同时又承认这只属于夏代中晚期遗址。那么问题出现了，既然著名的二里头只是夏代晚期，夏代早中期在哪里呢？换句话说，"夏人"从何而来？

许宏先生在书中首先提到的是位于临汾地区襄汾县的陶寺遗址。既然二里头不是最早的"夏"，那么根据上古传说中古人活动的集中区域，考古工作者20世纪70年代在晋南汾水下游大力发掘了一番。这个思路是不错的，因为二里头文化已经是相当成熟的史前文明，其源头当有迁移、定居的过程，而汾水下游作为上古人文荟萃之地，不应是空穴来风，比如尧都平阳、舜居蒲坂、禹开龙门等传说都集中于晋南（虽然古史辨派把尧舜禹都视为杜撰这一点我同意，但既然这些地名集中于此，或许在一定程度上揭示了真相）。于是，在襄汾就挖出了陶寺遗址。但这个结果让人喜忧参半：

喜的是，人文聚集的晋南的确有比二里头更早的遗址；忧的是，陶寺文化既不是二里头的源头，也无法归为现在发现的任何一种考古学文化。

和古文献研究者不同的是，考古人可以算是坚定的"实证主义者"，没挖到"夏"不能硬说挖到，因为考古学界也承认，陶寺"礼器组合种类齐全……看不出'重酒好酒'的倾向。这也大大不同于后来二里头至殷墟王朝以酒器为主的'酒文化'礼器组合"。此外，晋南的夏县也被顾名思义地勘探过一番，只是掘出一座战国时魏国安邑城址，称作"禹王城"。于是，陶寺只好茕茕孑立地存在于"夏代"之前、新石器时代晚期的中国大地上。

不过陶寺文化也不是非常孤独，书中还介绍了差不多与陶寺同时，在嵩山到郑州之间，黄河南面支流分布的许多城市遗址。虽然这些城址在规模上远不及陶寺，但在时间上又与之相近。这些古代文化以河南新密市新砦文化为代表，集中出现于龙山文化末期、二里头文化早期，大有如雨后春笋般蓬勃涌现于中原大地之势。虽然作者没有言明，但文字之间的暗示非常明显，二里头的北面寻不到"夏"，或许可以在南面找到"夏"的踪迹。为什么没有言明呢？因为新砦文化遗址规模都不甚大，也无遗物或文字支持这一设想，只能是"聊备一说"。

以二里头文化为"夏"，那么要窥夏之原始，前人寻到陶寺，留下无解的困扰；今人弃北缘而觅南踪，为新砦文化说铺垫，虽然朦朦胧胧，但总不离"中原"。许先生这本《何以中国》的大意基本就是这样。

觅夏之旅

    总的来说,《何以中国》代表了中国田野考古研究的最新进展和主流观点,向公众推出了"三代"探源"夏之初"的当前设想。但是,该书明明要立新说,却不能明确直白,总透着一些底气不足。因此,该书除呈现了当代中国考古的重要成果外,也暴露了现实存在的许多问题。要更好地评点《何以中国》,我们需要先把这本书还原到当代中国考古学的体系和内在诉求的整体脉络中考察一番。

    中国考古学发端于 20 世纪之初,瑞典地质学家安特生既是北京周口店北京人化石的发掘者,又是中国最重要的新石器时代考古学文化仰韶文化的命名人(仰韶村位于距偃师二里头不远的渑池县)。由于仰韶文化分布呈现从中国西部向东延伸扩展的趋势,被认为与当时流行的"中国文明西来说"不谋而合。此次发现大约在 1920 年。差不多十年后,中国考古学家吴金鼎等人在山东历城龙山镇,发现城子崖遗址,将这一惊人散布于中国东部黄淮海平原的新石器时代文化类型称作龙山文化。

    从此以后,东"龙山"西"仰韶"就成为中国新石器时代考古最重要的两个分类体系。傅斯年著名的《夷夏东西说》一文就是在这个背景下写出的,代表了现代考古学在民族主义气氛下一种有趣的表达。龙山文化发现后,20 世纪上半叶中国考古最重要的发现就是安阳殷墟的发现。这产生了两个重要结果:第一个结果,商代从只有零星记录的传说时代,变成一个真实存在(过去只有周代是个明确无误的实体),这不禁促人联想,既然夏、商、周三代落实了两个，那么居于首位的"夏"的发现也将指日可待；第二个结果，考古学通常把城市的出现（即有君主、城邑、金属加工、聚落分工、财富分化标志）等同于文明的起源，所谓青铜时代，在此之前则是旧／新石器时代，那么"夏"代作为中国文明之初，又与哪种新石器时代晚期文化衔接得起来呢？这也成了一个问题。

20 世纪的考古人遗憾地发现，无论是仰韶文化还是龙山文化，都离"三代"文明还有一段距离。

考古学不是靠"炎黄"传说就可以一笔带过的文字游戏，既然沿着"三代"往前逆推尚有难度，那么沿着新石器时代考古学文化顺推，看看哪个考古学文化能往后接上夏代的弦，这也是一种方法。事实上，自 20 世纪 50 年代以来，中国文化的源头通过考古发掘，已经从仰韶、龙山的东西对峙，扩展到加上豫、陕间庙底沟文化的三足鼎立；再通过长江下游的良渚文化、辽西走廊北部的红山文化等考古学文化的发现，变成了著名考古学家苏秉琦先生所说的"满天星斗"。也就是说，符合文明萌发基础的文化遗址发现了很多，这些"星斗"按不同算法数量从六到九不等，而且不仅在"三代"核心的中原，更分布在传统"华夏"的边缘。"三代"的源头没找到，反而找出一大堆"星斗"。

换句话说，本来的问题没解决，反而找出一堆新问题，就和陶寺文化一样（陶寺被认作山西龙山文化的代表），无法解释现状，只能暂时悬置起来。问题就出在"满天星斗"这里，"满天"既多且无序，表明现有的解释体系无法包容这些多元的起源。另外，这还产生一个附带结果，由于缺乏有效的解释模型，那么对考古发现的结果无法提出可行的预测，难免造成"打哪儿指哪儿"的状况。这就意味着，对现有文化遗址起源的探索，只能碰运气。今天中国基础建设如火如荼，不知何时会挖出新的更早的遗址，今年确定的

"最早中国",或许会因为后年发现更早的遗址,而尴尬搬家——这也是许先生无法名正言顺地提出新砦文化是二里头文化(即"夏"文化)起源的原因,谁知道哪个新建的高铁建设工地会不会挖出"更早的中国"。

比如,2012年被列入当年全国"十大考古发现"的陕西神木石峁古城遗址,同样在时间上符合新石器时代(龙山文化)晚期,建筑规模和出土器物的等级方面也远超新砦文化的诸多古城遗址。但这已经跃出《何以中国》一书的讨论范围了。

度夏之方

我对新砦文化究竟是否二里头文化源头持保留意见,只对"何以中国"提一些个人看法。首先,许多学者都喜欢引用陕西鸡贾村出土的《何尊铭文》里据说是周武王克商后告天的语句"余其宅兹中国",于是把"中国/中原"视作一个久远的概念。但换一个角度想,周武王是克商之后才有机会"宅兹中国",那么在克商之前,显然商人"宅兹中国",周人在"中国/中原"之外,克商后,才有机会"搬到中国"。结合之后的秦、北朝、唐、元、清等朝代来看,它们"宅兹中国"同样存在一个由外而内的动态过程,那么夏、商是否亦然?再继续"身在中原找中原"的起源,是否合适?

其次,中国的考古学研究,虽然在近年出现了一些包括"后过程主义"在内的"新考古学"的萌芽,但在方法上依然深陷"类型学"的窠臼。正如许宏先生所言，考古学文化所讨论的时间跨度动辄以数百年为单位，要依靠类型学排序，其实有很大难度。比如，我们知道外貌非常相像的一对父子，是儿子遗传了父亲的基因，而非相反。但两件相似的器物，由于时间跨度极大，其实很难把握"父子"关系。而一旦被"中原中心说"束缚——所有文化都是从中原向外传播的——就很可能混淆文化流动、人群迁移的"源"和"流"，比如新砦文化和二里头文化早期的源流关系。因此，我们亟须在方法上跃出考古类型学的局限，提出更有效的文化传播模型。

最后，许先生在书中一方面依靠扎实、详尽的考古报告支撑其观点；另一方面也非常自信地使用了传说与传世文献，比如"大禹治水"传说。这是非常可贵的，考古学者不只需要利用实证材料，其他方面也没有理由放弃，只是需要结合更加全面的视角。结合上述提到的上古人群由外而内"宅兹中国"的动态过程，早期人群迁移存在固定的路径，与中条山以南的二里头文化发生密切互动的始终应是人文荟萃的晋南地区，而非文献无征的嵩山一线。以"尧都平阳"（临汾）和"舜居蒲坂"来看，自古以来，存在一条从吉县黄河渡口经过蒲县到临汾平原，从而翻越吕梁山的路线。

那么再来看关于"大禹治水"传说的源头，来自战国的尸佼《尸子》记载有"古者，龙门未辟，吕梁未凿，河出孟门之上，名曰洪水，大禹疏通，谓之孟门"。这里的"洪水"可能只是一个地名。我们根据人类迁移的观点来解释此段，可以这样理解：在吉县以西龙门渡口未开通之前的早期人群，更多是从更上游的（离石）孟门渡口从陕北渡河辗转进入山西，并沿汾河而下中原。直到龙门渡口开辟之后，陕北人群比较易于从更靠近晋南的地区渡河，经过吉县、蒲县穿过吕梁山进入晋南，开始了斯地繁荣的人文景象，最后移居伊洛之间。后人所谓"治水"，全是从《尚书·吕刑》中的

"禹平水土，主名山川"寥寥数语中，凭字面演绎出来的。这样一个观点，也能比较好地解释石峁古城遗址和陶寺遗址的存在，在此聊备一说。

以中国考古学界孜孜以求"夏"的内在诉求来看《何以中国》，就可以读出学界此时的渴望与踟蹰。由于缺乏有效的模型，"夏"无处寻的困境或许将继续困扰着在中原大地上遍插洛阳铲的考古人。要么等着建筑工地的又一爪抓斗，要么等着盗墓者再次"立功"，如果没有更有整体性和预测性的理论新范式，考古学仍将是一种亦步亦趋的后见之明。

发现龙山、红山以及良渚的前人或许提供了不错的榜样，不必畏惧中原 / 中国的源头不在中原。中原不是文明之源，但仍可以是中华文明昌盛的舞台，何况这个可觅的近源并不遥远，也更能揭示"中华文明多元一体"的本义。"上穷碧落下黄泉"，许宏先生结合当前的考古材料提出了值得讨论的观点。不论结果如何，对我们将来的研究都有不可或缺的意义，唯有站在前人奠定的坚实基石之上，我们才能看得更远。

2. 考古学领域最后的巨人[*]

巨人之躯

2013 年时，三联书店再版了张光直先生系列作品（全九册），是迄今国内出版先生作品最全的一版。作为 20 世纪后半期中国考古学界最富国际声誉的学者（曾任哈佛大学人类学主任，荣膺美国国家科学院和美国人文科学院院士），光直先生这些作品大多写作于

[*] 本文为张光直所著《古代中国考古学》《中国考古学论文集》等系列作品评论，原文发表于《东方早报·上海书评》（2015 年 2 月 15 日刊），《澎湃新闻》转载时标题易为《最后的巨人——为何张光直是中国考古界无法企及的高峰》。

20 世纪 90 年代之前，在 80 年代以来便陆续译成中文。时值先生去世十二年之际，重读作品，历久弥新。

这些作品既有用考古学材料建构史前中国的《古代中国考古学》《中国考古学论文集》，也有总结、阐释商代考古成就的经典之作《商文明》《中国青铜时代》，更有收集了先生大量随笔、序文的《考古人类学随笔》，以及回忆早年生活的《番薯人的故事》。得益于这些丰富的素材，我们可以一窥先生一生的考古心路。

作为台湾第一位白话诗人张我军的次子，光直先生是位台省籍人士，可因为青少年时生在北京、长在北京，又是一位地地道道的"北京人"。他在抗战胜利后随全家返回故乡，心中始终怀着对古老中国的美好感情。既没有 1949 年左右仓促赴台者的失落，也不似后来海峡阻断之后出生一代台湾学者，虽也研究古史，心里却失落了对古代中国的眷恋。而这一切在张光直先生身上是完全看不到的。先生身为台籍，对中国古代文明是一种发自内心的情感，正是这种责无旁贷的使命感，使其几乎以一己之力，将 20 世纪中后期中国史前考古的脉络维系一身，直至生命最后一刻。

《古代中国考古学》的译者在 2002 年版的"译后记"中写道："最近十多年来，张光直先生一直在同病魔作斗争。……1994~1997 年他又数度坐轮椅来到北京，并曾奔赴他念念不忘的商丘考古工地。……先生的身躯虽小，然骨头是最硬的。在他的身上，我真正体会了人之所以为人的伟大。"

2001 年初，一代考古学巨擘张光直先生在美国麻省因帕金森症去世。先生去世时，刚过古稀，在普遍高寿的考古学家中算是"英年早逝"。在有限的生命中，先生写下诸多著名考古学作品，芳泽后世。其中尤以对"商文明""中国史前时代"两方面的成就为最，至今未被超越。"先生的身躯虽小",却无愧考古学领域"最后的巨人"。

巨人之迹

先生最有代表性的成就主要有两项。第一项是众所周知的对"商文明"的综合阐述。20 世纪中国考古学从无到有,在很大程度上与"商代"的发现有重要关联。20 世纪 20 年代末起,在傅斯年主持下,李济、董作宾等考古学家发掘了大量包括殷墟在内的史前遗迹,但苦于抗战动荡,无法安心整理、研究,解放战争后期这批材料中除部分留在大陆,最重要的部分便被携往台湾。加上此后 50 年代的两次重大发现,基本奠定了已知商代文明的认识格局:其一是 50 年代初"郑州商城"(早商遗址)的发现,其二是 50 年代末"二里头文化"(夏、商之际)的发掘。

但是,两个原因阻止了当时对商文明进一步的整体阐述。一方面,中国考古学基于地层学和类型学的传统方法,天然缺乏对包括生产、分配、祭祀、权力在内的文化全貌进行系统分析的能力,也更无法从"文化互动"的角度探索文化遗址之间"时空连续性"的可能。另一方面,中国大陆的政治生活恰好在这些遗址发现后,便进入了一系列运动浪潮当中,使对商文化的跟进研究经历了 50 年代的短暂成绩后,就在很长时间里步入低谷。当时及之后很长一段时间里,关于商代文明最出色的成果,莫过于陈梦家先生在 50 年代出版的《殷墟卜辞综述》。只可惜，陈先生在留下这部巨著后，也不幸早逝。

张光直先生虽在海外，却一直关注中国大陆地区的考古成果。同时也接受了当时考古界最先进的"聚落形态研究方法"上的训练，使他事实上成为将商文明作为一个整体来阐述的第一人。结合考古材料，他从"安阳所见的商代社会"和"安阳之外的商文明"两个部分进行讨论，系统地阐述了商代中后期和早期两个阶段的社会形貌。从族群、都邑、军事、祭祀、王权和方国关系等多个方面，基本奠定了后来研究者讨论商文明的主要议题。[还富有远见地将商代文化与周边大致同时的其他文化（夏家店下层文化、齐家文化和清江几何印纹陶文化）并置研究，见《古代中国考古学》，第 356 页。]翻开今天任何一本介绍商代文化的著作，基本上是不会跃出张先生给出的这几个讨论范围的，可见其影响之深。

张先生的另一项成就意义更大，但知名度反而没有那么高，即提出了"中国（文化）相互作用圈"理论。这个理论的简单阐述就是，新石器时代晚期，中国出现了包括仰韶（甘、陕、晋、豫西）、大溪（汉水流域）、山背（鄱阳湖平原）、马家浜（长江下游三角洲）、大汶口（山东半岛）、土珠（辽东半岛）和红山（辽西、内蒙古东部）在内多个文化区域，"所有的区域文化在经过一定的时间之后都更广泛地分布，而它们彼此之间的相互作用趋于深化，终于在公元前第四千纪中间形成了一个'相互作用圈'，布定了最早的中国历史文明的地理舞台"（见《中国考古学论文集》，第 154 页）。

这一理论是张先生十分看重的成果，最早刊于耶鲁大学 1968 年版《古代中国考古学》，后亲自翻译刊登于《庆祝苏秉琦考古五十五年论文集》中，在其《中国考古学论文集》中也多次出现。

虽然没有像商文明研究那么令人瞩目，毕竟马家浜、大汶口等史前文化对于考古专业以外的人士，多显陌生，但这一理论其实是对苏秉琦提出中国史前文化"满天星斗"论的积极回应。如张先生所示，其并不认为具体的文化区域是孤立独行的，在更大的范围内，相邻文化区域存在直接影响，通过文化区域与区域之间的关联，甚至能构成一个闭合的"循环圈"。只是这个循环圈未给出方向。

这两项成果可以说是张先生一生探索中国史前史最重要的贡献，商文明研究是对已知商代遗存最全面的总结，"中国（文化）相互作用圈"则是对商代之前古代中国的更深入探索，至今未被超越。当然，由于时代局限，这两项贡献也留下了许多值得探索的空间，如果今人稍加注意，或许就能从中发现更多。

巨人之踵

光直先生在探索中国文明起源的过程中拥有超乎常人的敏锐视觉，这两项成果之间也是相通的。研究新石器时代互动文化圈，就是为了打通商文明与早期文化之间的壁垒。他给中国新石器时代晚期文化绘制了富有启发的"互动作用圈"，但没有判定这些文化相互影响的趋势。同时在商文明研究的领域，阐述了商代中国从二里头到郑州商城，一直到安阳殷墟的阶段特征，以及周边的其他文化，同样没有给出商文化的来龙去脉。也就是说，他始终未能在这两者之间找到那个缺失的环节。

　　或许是两个原因造成了这种遗憾。首先，他直至去世之前，都执着相信，商文化的源头可能是在殷墟东部的河南商丘——这里是商纣王同宗微子启在周代延续商嗣的封国——只是这里至今都未能发掘出任何早于西周初期的遗迹。然而，他在《中国古代考古学》中已经非常肯定断言"二里头文化为夏文化，而不是商代早期文化"，这种执念源自对"商人东方（海岱文化）起源"的坚信，以至于他在研究中几乎没有提到 20 世纪 80 年代发现的"偃师商城"，更不用说，在他去世前不久（1998 年）开始发掘（2014 年获批再次发掘）的焦作"府城商城"遗址——因为这些早商时期遗址都在郑州商城、安阳殷墟的西部。

　　其次，受同时代加拿大考古学家布鲁斯·炊格尔、英国人类学家杰克·古迪对早期文明及简单社会"王权"与"神圣祭祀"关系假设的影响，他也对"王权"以外基于物质交换导致的文化流动持保守态度。在《古代贸易研究是经济学还是生态学》（《中国青铜时代》）一文中，他明确表示，"我不相信在考古学研究上贸易应当当作与文化系统的其他亚系统，如生业、技术、社会与象征等亚系统平行的另一个亚系统来处理"。实际上，强调生产－再分配方式的"物质文化"研究在最近二十年已经成为考古学中非常主流的研究范式了，相反，关于纯粹的"王权"研究，则因其假设体系的失之证明，而日薄西山。或许正是这两点因素，成为这位考古学界"巨人"的阿喀琉斯之踵。

　　修正了张先生判断上的两个问题［一是比殷墟（商代晚期）更早的商代早、中期遗址都在其西部，而非其东；二是物质交换其实是文化系统中最关键的要素之一，且存在流动趋势］之后，重新来看待张先生奠基的史前中国成果，我们或许就能窥到前辈之所未见。

　　首先，张先生证明了商代之前的东亚存在一个"（文化）相互作用圈"，包括夏人在内的华夏先民，都是这个体系中的部分。商人的"来龙去脉"，也当受此趋势影响。周人灭商后，商朝后裔王子禄父曾经向东北方逃遁，而微子启建立的宋国在黄河下游的商丘。如果这算作商人迁移的"去脉"，那么当我们把商文化从二里头开始（包括偃师商城、焦作府城商城），一直延伸到商亡后的归宿用曲线连接，就几乎获得了一条自西南向东北方向延伸的曲线（示意图参见拙作《四夷居中国：东亚大陆人类简史》，第 288 页）。

　　我们将张光直先生的图例通过对比、叠加、重合之后，就会发现，他所提到的文化与文化之间互动作用的箭头不应是双向的，而是单向的，且将各组箭头连接起来后，就能形成一个逆时针循环圈。当这个从新石器时代晚期开始形成的逆时针循环圈与商文化的迁移方向结合起来时，甚至就可以判断出商文化的"来龙"。如果我们能确定这个逆时针循环的存在，那么从新石器时代晚期到商文化发端的过程，就可以形象地描述为一条古人在数千年里沿着逆时针方向在东亚大陆迁移的螺旋曲线。通过这条曲线的反向延伸，我们就能追溯"先商"，乃至夏代的脚步。这是张先生为当代研究者留下的遗宝。

　　这样的趋势为何没能从张先生的研究中直接反映出来，既有传统因素，也有时代原因。一方面是他被传统观念所束缚，始终将渤海湾以南滨海视作商人起源之地（其实燕山以北的渤海湾以北也能符合"商人东方起源"的传说）。另一方面，某些对当代考古学发展趋势的认识误差，阻碍了他对中国史前文化变迁趋势的准确判断。

　　但这些都无法掩盖他在当时以及今天对中国考古学的贡献。对中国史前文明的执着信念和超凡的专业认识，使他在相当一段时间里全力推动着中国考古学的发展，并达到了至今无法超越的高度。这是同时代海峡两岸大多考古学者无法企及的，这从张先生独力完成的作品至今全数集结再版，而某些举众力而为的"工程"除了薄薄一册"阶段成果报告"之后再无音信可得互见。

光直先生以"瘦弱"之躯肩扛中国考古学的过去，在考古史中投射高大身影。斯人已逝，智慧永驻，再次翻看先生作品，既是对前辈求真精神的缅怀，也是对今人的一种鞭策和勉励。

3. 为"中国文明起源"上下求索[*]

一个儿子的回忆

"我最早的记忆片段是 1941 年的初秋,母亲带着四周岁的我从北平辗转一个多月来到云南,终于见到了前来迎接我们的父亲。父亲离开北平时,我才一岁。"

这段话采自《我的父亲苏秉琦—— 一个考古学家和他的时代》

* 本文为苏恺之所著《我的父亲苏秉琦—— 一个考古学家和他的时代》一书评论,原文发表于《东方早报·上海书评》(2016 年 5 月 8 日刊)。

的卷首,作者是苏秉琦先生的长子苏恺之。去世二十多年,苏先生留给公众的记忆已日渐模糊,可对考古人来说,苏秉琦是个再熟悉不过的名字,他曾是中科院考古所研究员、学术委员……担任过中国考古学会理事长、北大历史系考古教研室主任。

在考古学界内部,苏先生的学术贡献被明确概括为四点:一是"从器物类型学上升到社会关系"的开拓性研究;二是提出了对"仰韶文化的阶段性认识";三是建立了"中国考古学文化区类型理论体系";四是"重建中国上古历史"。

从 1909 年到 1997 年,苏先生以平凡的处事态度经历着一个世纪的纷乱与重建,用赤子之心探索中国文明的起源,他的智慧至今影响着当代中国考古学的发展。很少有人知道,他是如何从一个既没有更高学位也没有留学经历的北平师大历史系毕业生,成为中国考古学一座里程碑的。

回看后人对苏先生的学术评价,走在先生奠基的"重建中国上古历史"的路上,我在翻阅这本特殊的回忆录时,想要弄清是怎样的契机和启迪、怎样的毅力和激情,激励他在那个时代留下探索与思考。

每当想到这里,我便不断提醒自己,放弃像完成论述题一样介绍苏先生学术贡献的"四大方面",而是尽力回到那个"1941 年的初秋"——这不仅是一位考古学家的传记,更是一个儿子对父亲的回忆。

一切始于"斗鸡台"

　　1941 年秋天，苏恺之和母亲从北平来到昆明。在那里，等候他的就是三年多前因"七七事变"而与北平历史研究所同事一同迁往大西南的父亲。在抗战后方昆明北郊的生活，是他与父亲最亲近的一段岁月。除了让他感到"清贫而快乐"的黑龙潭生活、凝聚抗战精神的"中央机器厂"之外，他最多忆起的，是与父亲亦师亦友的徐旭生老伯和父亲写作第一本著作《陕西宝鸡县斗鸡台所得瓦鬲的研究》的点点滴滴。

　　《瓦鬲的研究》源自苏秉琦 1934 年参与的史学研究所在陕西宝鸡斗鸡台的考古发掘。八年前，刚刚毕业的苏先生进入北平研究院史学研究所考古组工作。他入职后的第一个挑战，就是前往陕西参与发掘斗鸡台废堡。苏恺之简略总结了父亲选择历史考古作为志业的原因：苏先生来自河北高阳县以纺织发家的大家庭，是家中幼子（四子），殷实的家业让他有机会不用像兄长一样走实业道路，而是"决心改学中华民族的历史以历史唤醒民众——教育救国，兴史救国"。

　　苏先生曾经这样引述此次发掘的意义："陕西为周秦汉唐故都所在。史迹遗留，极为丰富。……至周秦二民族初期之文化，则古书所载与之有关之史料，数量极少，无参证比较之余地。……故搜集此二民族遗留的史料，不得不置重于地下之发掘。"

　　被后人称为"陕西考古发掘第一铲"的此次发掘，不经意间开启了今人对秦周文明的探索。斗鸡台的收获颇丰，但考古材料却因日本侵华而无暇整理。在徐旭生的安排下，苏先生与研究材料一同先期撤往西南后方。这便有了 1941 年他与妻儿的重聚。

在苏恺之的记忆中，父亲正是在与李济、梁思永、董作宾等前辈的交流中，完成了与徐旭生合作的《瓦鬲的研究》。他将父亲亲手挲摩陶片的研究称作破解"天书"。因为这本"天书"竟打破了过去的文献研究者未能涉足的边界——周人和秦人并非一脉相承的整体，而是各有起源的不同文化。后人这样总结《瓦鬲的研究》的贡献：从宝鸡地区的瓦鬲上还可以看出，先周文化还有两个来源，一是西北方向来的姬姓成分，二是关中土著的姜姓成分；到了周王朝时期，秦人已在陇西兴起，当秦人东进到宝鸡地区时，带来了诸如素面袋足鬲、屈肢葬、铁器等文化因素。这就从考古学上初步证明了商、周、秦不同源，各有各的文化发展脉络……从而打破了夏、商、周、秦一以贯之的正统王朝的史学体系。

秦、周文化分别代表了中原文明一东一西两个源头的相遇之旅，这个"文化交汇"的观念在苏先生毕生的研究中竟贯彻始终。这一切都可以追溯到 1934 年夏日斗鸡台下的"第一铲"，或是 1941 年昆明东郊的后方岁月。

把"仰韶文化"一分为二

1946 年，苏恺之回到了北平，这次又是父亲先一步回家等他。苏恺之记得，1948 年深秋，父亲接到一封来自南京的电报后对母亲说："我的事情（工作）离不开这块土地……况且资料、徐老都在这里……"虽然研究院几年后迁出了中南海，成为中国科学院的一部分，但苏先生并没有选择离开故土。

20世纪50年代，是苏先生学术生涯的第一个繁荣期。他在考古所和北大历史系同时兼职，"把考古所、北大和文物图书三部分力量集中起来，办一个考古培训班"。50年代初，培训班连办三期，"父亲说这是考古界的黄埔军校"。而这个"黄埔系"建立起来的时候，他却尊重孩子们的意愿，让他们都去学习自然科学。许多年后，苏恺之回想起父亲曾经的话："顾颉刚先生……建国后在历史所的处境一直不好……可人家照样写他的东西，坚信他的国学研究和历史文化研究有意义，手上的毛笔一天也没有搁置，仿佛总是在向将来的人诉说什么。"

"但我没听进去，而且内心里很烦躁，也很反感。"苏恺之怀着一丝对父亲的歉意写道，"一个个运动浪潮中，我'懂得了'：要和徐老伯的孩子一样，绝不子承父业，一定要学理工科，跟文科拉开距离。"

儿子眼中，"似乎他已经在中国考古舞台上消失了"。可这对淡然面对"政治批判"的苏先生来说，或许不是什么大不了的事情。1964年，他提出了"大文化"和"大遗址"的概念。长期从事田野考古，使苏先生对文物研究有了全新的看法，文物工作"绝不是把几件物品保存好了那么简单"。遗址反映的不仅是文物的出土地点，还是古人活动的整个空间脉络，应该保护的不是单个遗址，而是包含"空白地带"的"大遗址群"。这个超前的文保理念在当时"破四旧"口号即将登场的背景下提出，尤为难能可贵。

1965年，他又写成《关于仰韶文化的若干问题》。该文的发表意义非同一般，"我能感觉到父亲对它特别重视"。在20世纪上半叶，中国史前文化东龙山、西仰韶已成定论的格局下，苏先生结合早期斗鸡台考古经验和 50 年代以来的新成果，将仰韶文化进一步分成位于以陕西关中为主的"半坡类型"和晋陕豫交界以东的"庙底沟类型"，并认定两者之间有着不同的源头，从而一举打破早期延续的二元格局。

在这篇 1965 年发表的重要论文中，已可窥见未来"中国考古学文化区类型理论"的萌芽。在它尚未吐新之际，中国考古学和这个国家一道，"开始经历了十年寒冬"，但如苏恺之当年坚信的那样，"这棵冬小麦的思考没有完全停顿……终于有了 1975 年的'冲刺'和 1979 年的'呼喊'"。

从"区域类型"到"满天星斗"

"1975 年，他又开始'不安分'地先是在北大做了小规模的讲座，后又在研究所的一个小房间里，由他的学生张忠培召集，给吉林大学十几个师生讲述了他头脑里初步形成的'区域类型理论'。""按父亲后来的总结，1975 年是他工作的一个转折点"，又一个仿佛久旱遇甘霖的繁荣期。

"区域类型理论"首次将中国境内的古文化划分成六个较大的区块，分别是：（一）燕山南北为中心的"北方"；（二）晋陕豫为核心的"中原"；（三）山东半岛为中心的"东方"；（四）洞庭湖为中心的"西南方"；（五）太湖为中心的"东南方"；（六）九江到广州的"南方"。这个六大区域的格局，是他以《若干问题》打破仰韶、龙山两个区块后，进一步对以往体系的超越。多年来对良渚、屈家岭、石峡等史前文化的研究，最终使他自信地跃出传统上的"中原"区域，将中国文明的起源中心推向整个东亚范围。

1979年，苏先生出席了中国考古学会成立大会，会上他正式公开介绍了这六个考古文化区的概念构想，"我们才慢慢知道，他是吐露了自己长期积淀下来的一些思考结晶，而且自认为是最重要的发言，也标志着他从此步入学术生涯的新阶段"。

三年后，苏先生告别了新建成的北大考古系，但他没有离开考古事业的第一线。苏恺之眼中的父亲，以满腔的热情和精力比以往更多地出现在牛梁河考古工地、三星堆遗址，以及天南地北的学术会议上。

这些新的收获，全部收集在他晚年最后一本著作《中国文明起源新探》当中。他在书中首先以亲身经历坦率指出长期制约中国考古学发展的两个怪圈："一个是根深蒂固的中华大一统思想；一个是把马克思提出的社会发展规律看成是历史本身。"只有脚踏实地根据考古材料说话，破除"中原中心主义"的观念，才能真正实现上古中国的重建。

正是始终秉持这种"去中心化"的超前理念，苏秉琦先生提出了"区域类型理论"。他明确指出，中国考古学文化犹如"满天星斗"出现在新石器时代晚期的中华大地上。其

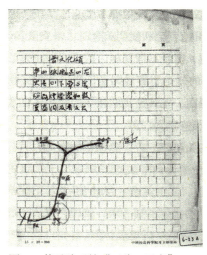

图一　苏秉琦手绘"三岔口示意"
（《我的父亲苏秉琦》，第274页）

中最具启发性的是,他在早期归纳秦、周文化不同来源的朴素认识基础上,进一步将燕山向西、陕北向东的两个文化流动方向,整合为中原文化的源头。这一卓越的认识(两股不同来源的文化人群相遇,必然产生一个区域文化中心),无疑为将来的中国考古学带来了革命性的冲击。

回归更大的世界

1997 年,苏先生去世。他曾经立下遗嘱:"中国的海域很大,但许多地方却跟中国以外的境界发生关系,难以有界线。渤海湾在辽东半岛与山东半岛之间,正是中国的国门,所以我的骨灰要撒在那里。"遵从这一遗愿,苏恺之护送为"中国文明起源"一生上下求索的父亲归向大海。

没有更高学历,也没有海外留学经历的苏先生满怀探索民族历史的满腔热情,以探索"中国文明的起源和发展"为己任,单凭双脚走遍中国每一处史前遗址,倾全力探索"满天星斗"的位置和联系。正是这些源自实证的真知灼见,使他打破前人的痼见,坚定地探索这些汇聚成华夏文明的不同源头。在生命的最后,冥冥之中,他甚至感到,要探知这些源头更久远的起点,需要跨出中国的疆界之外,接入更大的世界之网。

"中国考古学家有三项主要任务:一、书写本国历史;二、将此扩展到没有文字记录的时代;三、建立自己的考古学派。"苏恺之记得，2013 年 8 月召开的首届"世界考古·上海论坛"会议上，世界知名考古学家伦福儒教授在发言中，引用了父亲的话作为开题。他知道，他那用一生为这三项任务做出完美诠释的父亲并没有被人忘记，那些继续肩负使命的新一代中国考古学家，将在苏秉琦先生奠基的探索"中国文明起源"的道路上，不懈前行。

4. 考古场域的人类学之眼*
—— 读《中国北方边疆地区的史前社会》

引子：回归考古人类学

    虽然诸如李济、梁思永、吴金鼎等中国早期考古学家都接受了完整的人类学训练，但中国文物界根深蒂固的"金石学"传统依旧将中国考古学的发展导向了器物发掘的脉络。这不但导致了考古学和人类学在中国长期分裂为两个联系不甚紧密的学科——考古学常

* 本文为吉迪所著《中国北方边疆地区的史前社会：公元前一千年间身份标识的形成与经济转变的考古学观察》一书评论，原文发表于《中国图书评论》2013年第7期。

与历史学为伍，而人类学则沦为社会学的附庸——而且使我们在阅读考古材料时，缺乏有效的解读手段，往往陷入了"管窥一斑，不见全豹"的处境。换言之，失去人类学这座"森林"的考古学"独木"，很难把有限的考古材料放到更大的"社会结构"的背景之下考察，便无法从"考古遗存是人类在历史上复杂文化活动之一部分"的角度来重建"史前社会"的结构。

为了实现考古学向人类学维度的回归，我们还有很多需要实践。好在，以色列考古学家吉迪（Gideon Shelach）的《中国北方边疆地区的史前社会：公元前一千年间身份标识的形成与经济转变的考古学观察》为我们提供了一份良好的范本。他在该书中不但为我们呈现了用人类学视角解读考古材料的基本方式，而且还通过对现有材料的分析，得出了令人信服的结论。

本书作者吉迪教授1996年在美国匹兹堡大学人类学与亚洲研究系获中国考古学博士。现为以色列耶路撒冷希伯来大学人文学部副部长，路易斯·弗瑞博格中心主任，终身教授。历任《东亚考古学杂志》顾问，《历史学》（希伯来语）编辑，东亚考古学会副会长，普林斯顿高级研究会会员。曾经出版《普天之下：帝国的中国》《中国内蒙古赤峰河谷地区晚更新世—全新世地形变化所指示的沉积速率及历史时期的土地利用》等多部著作。

从他的学术履历也可以看出，由于作者本身曾参与了赤峰地区的田野考古，因此，他在本书中通过赤峰地区考古材料的分析又进一步回应了中国北方地区人群互动和文化形成的问题。并以这里为起点，将传统意义上的北方中国（长城以北）与更北面的欧亚大陆北方草原－林地带结合在了一起。这在很大程度上弥补了中国学者以往的局限：将中国文明的起源局限在今日中国的实际国土范围之内，忽略了中国与周边区域的连续整体性。下面，我们将一同从本书的内容开始，重新审视"中国北方边疆地区的史前社会"。

重新认识"北方边疆"

翻过介绍全书结构的第一章绪论部分后，从本书的第二章开始，作者将中国北方地带分为四个亚区，按"生计方式、聚落结构和组织、宗教活动、生产工艺"（p.9）等方面对这四个亚区进行比较。这四个地区分别为甘肃走廊、黄河周边地区、黄河以东和太原－北京一线以北地区（作者称为"赤峰"地区），以及辽宁西部。虽然吉迪这样的地区分类有待商榷，但他认为这一连接欧亚大草原的"北方地带"，"并非像大家普遍认为的那样直接向西相接，而是通过'北方地带'的东北部与之相承接"（p.17）的观点确实颇为正确，因为赤峰所在位置，恰好就反映了其东部、西部和北部文化在不同时期在该地留下的痕迹，而且后者的影响最为明显。

因此，通过这一章对不同区域考古遗存及其反映的文化诸要素的关系，在第二章的结论部分，作者首先将我们观念中笼而统之的"北方"游牧地带划分成几个不同的区域，认识到"这个地带不同亚区的文化属性和生活方式各不相同，更重要的是，各地区的发展轨迹在变化方向和幅度方面也出现了比较明显的分化。……但总体来说，不同地区发展轨迹正逐渐趋向一致"（p.51）。

对于这种"渐趋向一致",作者在第三章"是经济原因吗？北方地带的经济及政治进程"中提出一个假设。很明显,吉迪在这里运用了政治－经济学方法,这种方法自 20 世纪 50 年代澳大利亚考古学家戈登·柴尔德开始便已在西方考古学界广泛应用,"柴尔德将自由主义、马克思主义和新康德哲学不同程度地结合起来,形成自己对于考古学、古典文化和社会的观点"。事实上,柴尔德的"新考古学"并不同于我们熟悉的马克思主义政治经济学中建立在剥削、压迫等概念基础上的各社会阶层间的机械对立,而是类似古典经济学那样将包括政治、技术、宗教、艺术等文化层面与经济融为一体,并将政治等层面视作经济方式(生计类型)在社会不同领域的具体表征。尽管中国考古学界对这一"新考古学"路径的发展保持了相对疏离的态度,但吉迪在本章中展现了该方法对于中国考古材料的实际应用。

通过谷物以及动物性资源消费方式变化的分析发现,在北方地带东部,公元前 2000 年晚期至公元前 1000 年初随着"新型的驯化动物,如绵羊、山羊和马在这一地区的遗址中被发现"(p.70),该地区的畜牧经济才开始逐渐发展。与此同时,本书作者还引用了美国人类学家萨尔兹曼的看法:"很多以畜牧业为主要经济方式的社会甚至是高度游牧化的群体也从事一定程度的农业生产。"(p.78)这不但更新了我们对游牧群体的刻板印象,同时也启发我们打开了新的思路:"骑马很可能是畜牧生活方式兴起的结果,而非畜牧专业化发展的原因;畜牧业经济可能是为了抵制来自定居人群强大军事压力而采取的政治策略。迁徙,尤其是游牧人群的流动,可以视为某种形式的政治对抗。"(p.80)从经济类型的转变、政治组织的变迁,通过考古材料的分析,我们获得了一种动态的视野——文化(北方草原－林地生计方式)对结构变迁(定居人群压力)的适应(发展出畜牧经济），当然，作者也提到了气候因素（但认为这并非主因）。同时，也提示我们，从这种政治－经济视角来审视考古学材料，将会帮助我们跃出"所见"的遗存的局限，获得更具"整体性"的观点。

接下来，作者在第四章中通过对这四个北方区域"身份标识及其表现形式"的比较得出结论，"从公元前一千纪开始，北方地带与黄河及长江流域人群的思维方式完全不同。……这种不同不仅体现在服装与服饰的风格上，也体现在影响人们思维与行动的世界观上"（p.125）。尽管作者没有对这种变化提出令人信服的解释，但他在第五章"本地化、区域化和全球化：跨地区交流及社会变化"中提到了一个长期存在但一直为中国研究者所回避的问题：跨区域的文化联系。这个被概括为"本地起源论"和"文化传播论"的观念之争（随着分子人类学成果的出现——这点作者没有提到）开始呈现向后者松动的迹象，吉迪综合其他研究者的观点提到，"从事这项工作的学者并非要重建旧的'文化传播论'模式，而是要研究当地与外界之间交往所带来的影响，从而重建世界的复杂化历史进程"（p.130）。

在此之后，作者并没有为这些变化提供准确的结论，只是笼统地提出，"在公元前二千纪后期和公元前一千纪前期，从考古学上可以观察到欧亚草原包括北方地带在内社会之间交流的加强"（p.162）。不过，在细节方面，用一些我们感兴趣的考古学文化视角，支撑了他的观点。他在第五章提到，该时期，"欧亚草原与北方地带开始接触，有些交流还远达中原地区。最值得注意的是战车，它们最早出现于距离安阳很近的晚商中心——殷墟遗址。……因为中亚和殷墟的战车在技术和风格上很相似，因此可以说殷墟战车是西方新技术传入中原地区的反映"（p.149）。此外，他还提到了和战车相关的马匹，"似乎可以说，在殷墟祭祀坑里发现的驯养的马匹，无论是否与战车共出，应该均是在晚商时期从外界传入的"，因为中国新石器时代遗址中发现的"野生或驯马的马亦较少见"（p.150）。

相比之下，本书的结论相对薄弱，甚至又回到了"华夏"和"草原"分野的传统问题上，在很大程度上，则是因为受制于这一二分法背后的价值取向。尽管如此，本书在方法论和理论视野上已经给我们提供了足够的启迪，其意义和价值都要高于同系列"文明历程经典译丛"中早先一本普林斯顿高等研究院狄宇宙教授的《古代中国与其强邻：东亚历史上游牧力量的兴起》。

启发与不足

本书优点和缺点一样显而易见。其最大的优点与其说是引入了西方学界业已流行甚久的"政治－经济"观点，毋宁说是突破了中国近几十年来对自身文明起源"本地起源"的偏执追求。正如作者所言，"在中国，不管边境是如何划定的，不同社会之间的交流尤其是境内与境外之间交流的争论，一开始就带有强烈的感情色彩和政治色彩。……中国独立发展的观点可以延伸至史前时代——甚至是'中国'这个概念还未出现的时期"（p.129）。那么这种观念局限所产生的问题便一目了然了。将关于史前中国的所有考古材料，按照"本地起源"的模型加以解释，不但产生了削足适履的阐释效果，而且割断了各地考古学文化之间固有的联系，使研究者不得不将文明发展的"繁荣之地",当作文明的"发祥地"。

当我们有意识地纠正这一问题后,便能接受吉迪用政治经济学观点对中国各地考古材料的整体性分析。通过上文的介绍,我们了解到农业经济向更专业化畜牧经济的转型发生在迄今约三千年前的时间,其背后来自定居人群的压力与我们原先对游牧文化的想象正好相反。同时,文化各个表征之间建立在经济类型上的联系,也超越了传统上将其划分为不同社会阶段(如原始社会、氏族公社)的机械分类。这些都给中国考古学家及史前社会研究者提供了充分的启迪。

当然,这些启发背后的不足之处也同样明显。这部英文原版于 2008 年的著作,确实集中了国际学术界对东亚北方社会最新的研究成果,但由于受传统"长城南北"二分关系的束缚,以及对中国早期文献的有限认识,实际上,仍然无法更为准确地认识、分析中国早期社会。比如该书在第六章"结论"部分所引《左传·僖公二十四年》内容,"耳不听五声之和为聋,目不识五色之章为昧……狄皆则之,四奸具矣"(p.166)所反映的"华夷之别",便不如《左传·襄公十四年》"驹支不屈于晋"一则中所谓"我诸戎饮食衣服不与华同,贽币不通,言语不达"一语,更能呈现基于经济类型之别背后的文化差异。

更重要的是,由于对中国古代人群缺乏更深入的认识(一如对文献的陌生),作者忽略了物质交流背后的人群互动。换言之,作者从马车、驯化马匹以及青铜器纹饰、墓葬特征等诸方面呈现的北方地带与中原的考古学文化联系,背后其实是这些物质遗存在历史上的实践者留下的痕迹。通过这些遗存之间的关联,我们不仅仅要显示出"文化传播"的可能,更重要的是从中归纳出人群(文化实践者)互动的动态过程和规律。因为,如果仅仅陈列了各考古学文化的相似联系，那很有可能重新落入传统考古学那种"类型学"的陷阱。

　　或许出于谨慎的态度，吉迪教授没有继续深入物质文化遗存背后的人群之间的联系，这一点非常遗憾。但换个角度来看，这在一定程度上也反映出当下考古学区域研究在分析模型上的匮乏。要将考古学文化与古代人群的活动以动态方式呈现出来，仍需当代研究者进一步的努力，在诸多可能的方法之中，"地理结构"也许是个合适的工具。当然，要将这一工具发挥出最大限度的解释力度，同样离不开政治－经济工具的使用，以及更重要的是，对中国史籍的熟稔。这些都是我们在不久的将来有待借鉴，并加以尝试的"新工具"。

5. 大漠以北的社会图景[*]

重新发现"大漠以北"

在现今世界政治－地域格局奠基的 20 世纪早期，政治上的疲弱使中国令人遗憾地失去了北纬 50 度附近以及更高纬度地区的大量土地——当然也包括了生活在这片土地上，适应高纬度地区生态－自然地理，呈现独特文化方式的人群——后来连这块区域南部的蒙

* 本文为萨雅娜·那姆萨拉伊娃、尼玛主编《马克斯·普朗克社会学人类学研究所西伯利亚研究回顾》一书评论，原文发表于《中国图书评论》2013 年第 8 期。

古高原也不幸一并失去了。

这些地区的共同特点在于，位于蒙古高原北部、西伯利亚地台南缘，北倚横亘整个欧亚大陆北部辽阔的泰加林带，与北纬50度大致重合。要想了解这块区域，尚余两个途径，尽管我们失去了亲身践履这一地区的良机，但借助于这一区域东、西两侧同一纬度，且仍属中国境内的北疆阿尔泰山以南的阿勒泰地区，以及内蒙古东北部大兴安岭西侧的额尔古纳河右岸，我们仍能对这个地区的生态与人类文化，建立基本的认识。

在汉地农耕文化观察者的眼中，农耕文化北方天然的草原过渡带以北，就是一望无际的沙漠、戈壁，阴山以北再无绿洲，这里的生态与文化完全就成了羊群、毡房、戎车的世界。而事实恰好相反，曾经追随长春真人丘处机沿着克鲁伦河溯流，循道蒙古高原以北地区一路西行的通玄大师李志常曾在《长春真人西游记》中记录了旅途中经历的环境变化："水流东北，两岸多高柳"，逐渐是"西北渡河，乃平野；其旁山川皆秀丽，水草且丰美"，直到高原西部杭爱山麓的"松桧森森，干云蔽日……平地皆有松桦杂木，若有人烟状"。这正好是13世纪初时，对这片后来连同蒙古高原一道从我们视野中消失的极广阔地域，自东向西的真实描述。简言之，大漠以北其实生活着一个与我们声息相通、景致仿佛，但又黄沙相隔的世界，正是这个以北纬50度展开的区域对中国的历史造成了巨大而又微妙的影响。

实际上，20世纪世界格局对中国传统领土造成的深远影响，不仅使我们失去了大片领土，而且也用余下领土中以农耕文化为核心的边界观念，束缚了我们通过更完整地理－文化视野解开中国历史进程的思路。

幸运的是，一批富有理想的德国社会人类学家和探险家从18世纪起，就没有放弃过对这一和德国几乎处于相同纬度地区的兴趣。以诺贝尔物理学奖得主命名的"马克斯·普朗克社会学人类学研究所"，始终以"当代西伯利亚人的社会和经济状况"作为研究重点。尽管这本《马克斯·普朗克社会学人类学研究所西伯利亚研究回顾》（以下简称《回顾》）瑰集的研究课题是以 20 世纪 80 年代到 90 年代西伯利亚"转型期的产权及产权关系的变化"为主的 9 篇论文，但书中提供的生态、文化、生计类型视角与丰富材料，无疑为我们重新发现那个"林中百姓"生息的北亚草原–林地带，打开了一扇重要的窗口。借助这些视角，能让我们重建那些上千年来建立在生态适应方式基础上的文化互动。

重建"林中百姓"的生活

　　我曾到过北疆最北端的阿勒泰地区，这里生活的图瓦人，曾是汉文文献中"唐努乌梁海人"四十八佐领的四分之一，另外的四分之三，一部分成为蒙古国居民，另一部分成为今天俄联邦的图瓦共和国。当我在八月末清晨透骨严寒中，远眺阿勒泰南坡晨曦袅袅炊烟里散落林地间的图瓦木屋、牧群与牧人，我既看到这里独特的游牧–定居混合经济，也感受到高纬度地区差别极大的昼夜温差。阿尔泰山南坡白桦葱葱，流水淙淙，与其说这里是草原的尽头，不如说是无际北方"克孜勒泰加"（红针叶林）的起点。

　　在《图瓦人的时间观及其转化意识》一文中，该篇作者用一个当代（20世纪70年代）的案例讲述了一个图瓦猎人在柳树滩狩猎马拉赤鹿——一种体形近似于马的西伯利亚鹿种——时听到一个禁止他猎鹿的女人声音，猎人剥了鹿皮，切割了鹿肉，归来后不久病重而亡的故事。萨满对此的解释是，猎人没有遵守森林女神对泰加群落的规则："大型动物或者任何非同寻常的动物都不可以捕杀，因为它们都是当地神灵的财产。"尽管今天中国境内的图瓦人在生计上表现为骑马放牧牛羊的牧人形象，甚至在该文的配图中也是林地白色帐篷前的牦牛群和另一张阉割绵羊羔的照片，但是在这则案例中，猎人、森林和鹿，却成了故事的主角。这无疑让我们联想到《蒙古秘史》开篇第12~17节的内容，成吉思汗的祖先朵奔·蔑儿干到山岗上去捕猎野兽，在森林里遇到一个兀良合惕部人，"在杀一头三岁的鹿，用火烧烤那头鹿的肋条肉和内脏"，这只鹿的肉为后来蒙古部落的繁衍壮大埋下了伏笔。有趣的是，《秘史》中提到成吉思汗的始祖之一豁埃·马阑勒的蒙古语本意就是"白鹿"。

事实上，《秘史》直到第19节才提到了"腊羊肉"。这显然与我们生为定居农业者对游牧者的刻板印象颇有出入。正如《回顾》中另一篇《阿尔泰共和国的旅游及其保护自然的举措》中对阿尔泰山北坡同名俄联邦加盟共和国的描述："阿尔泰不仅是山脉、森林、河流和瀑布，它还是鲜活的精神……森林、鲜花和草原是他多彩的服饰……湖泊是他的眼睛……瀑布和河流是他川流不息的生活……"在当代阿尔泰作家的笔下，我们的蒙古戈壁以北是这样一片"宛如童话般美丽"的仙境。从生态的角度来看，显然是鹿和猎人，比羊和牧人更适合"森林"环境，因为羊群和马匹需要的牧草在泰加林光照不足的林地底层难以繁茂，而鹿能在漫长冬季依靠厚厚积雪下的苔藓为生；而且羊群和马匹也无法适应高纬度地区漫长冬季的严寒。既然羊群无法在这里生活，那么围绕牧羊展开的生计活动就在这里走到了尽头。同时，围绕这种生计方式产生的文化，也不得不发生变迁，转型为另一种更适应林地生活的文化。

在《西伯利亚南部托发族与托著族的产权比较分析》一文中，我们看到了这些阿尔泰山北部驯鹿牧人在林地中的生活，"大多数托著人在苏联时期都可以带着他们的牧群过游牧生活……驯鹿对大面积草场的需求，变化无常的天气，以及野生资源的资源环境（主要是牧场和野生动物），这些要求获取自然资源的渠道更加灵活，同时也防止了财产私有性和排他性的产生"。驯鹿放牧为当地群体提供了包括乳品在内的重要蛋白质来源，而林地的动物资源则为他们提供了肉类和用于交易的毛皮的狩猎机会。实际上，驯鹿放牧形成了一种完全不同于羊群放牧的生计 – 文化类型——在我们基于农耕文化的认识中，所有的放牧都刻板化地变成同一类——由于资源的有限和环境的多变，这些驯鹿牧人往往以更小的聚落规模，保持更平等主义的分配方式。

我们可以对比弗里德里克·巴特在其赖以成名的《波斯南部的游牧者》一书中描绘的牧羊者的社会。在伊朗，部落的酋长和大人们并不参与围绕年度迁徙（伊尔 – 哈路线 [il-rah]）的游牧活动，他们定居在水源充足、适宜农业的类似"汗庭"区域，由部民放牧大量属于酋长的畜群，同时那些因种种原因失去牧群的贫困部民则开始固定在土地上，耕种酋长的农田，为酋长提供粮食收入。条件较好的牧民也会在定居村落附近买一块土地，雇佣当地农民替他们耕种，等一年周期之后，收取他们收成的份额。这同样颠覆了我们对牛、羊放牧者的想象，其实世界上并不存在完全依靠游牧生活的人群！只是很多时候，我们没有找出他们的田地。

当我们把视角重新移到《回顾》，我们就能发现，在我们尚且熟悉的草原游牧者更北方的区域，其实生活着另一种不尽相同的森林游牧文化，他们在物质上比牧羊者更倾向平等主义，在狩猎技术上更符合"引弓之民"的称号；由于他们通常以较小规模人群适应林地有限的资源，他们在分享诸多文化共同点的同时，也产生了更多文化多样性。正如《秘史》（第239节）提到，1207年，成吉思汗的长子术赤让这些森林部落"带着白海青、白马、黑貂，前来觐见成吉思汗"，不过，根据前引《秘史》的内容，蒙古部落的祖先似乎也是森林中猎鹿人的形象。

阅读《回顾》，我们可以通过当代西伯利亚居民生态－文化方式，重建拉施特《史集》中"林中百姓"的形象，因为哪怕当时生活在该处的人群早已追随蒙古军队攻占低纬度农耕社会，采用了当地的生计类型（也发生了与这种生计相适应的文化变迁），但北纬50度附近开始的泰加林带并没有发生太大变化，今天生活在当地的人群，依然要采用近似的生态适应方式——至少环境（基本与纬度重合的气候带）为文化的模式写好了脚本。同时，阅读当代的材料也为我们解开另一个史籍中的问题提供了线索：作为成吉思汗祖先的"林中百姓"，是怎样转变成移动性更强，更符合我们想象的游牧民族的？

文化整体观：从经济视角揭示文化互动

同样在《西伯利亚南部托发族与托著族的产权比较分析》一文中，作者提到"托发人60%的收入来自土地（主要是出售毛皮、鹿茸和麝腺）"——毛皮指的是黑貂皮。"如果氏族的领地上黑貂皮短缺，不论任何原因，其成员都可以到别人的领地上狩猎。"对照这些 20 世纪的情况，我们找到了《秘史》（第 9 节）成吉思汗祖先之一的"豁里剌儿台·蔑儿干由于豁里·秃马惕地区自相禁约，不得捕猎貂鼠、青鼠等野兽，感到烦恼。……因不儿罕·合勒敦山为可捕猎野兽的好地方"便迁移了过来。如果我们把"青鼠"的"青"色等同于"黑色"，那不难找出其与黑貂的一致性。那么和驯鹿游牧提供的生计来源相比，北方森林的动物资源为"林中百姓"提供了"收入"之源。

如果说当今世界环保主义运动对毛皮贸易的抵制，已经让我们无法仔细窥到"黑貂皮"贸易背后的物质流动，那么一项从 20 世纪 70 年代起由包括中国在内东亚国家驱动的"鹿茸"贸易，以类似的方式呈现了区域贸易网络的潜在意义。《西西伯利亚地区驯鹿牧民的家庭经济及其与南亚的商品贸易》一文的作者以翔实的笔墨记述了"鹿茸生产的民族志描述"："收购鹿茸的企业通常做法是，乘直升机飞到每一个驯鹿牧民的营地，以便确认割鹿茸的准确日期。……（牧民）挑选直升机上由中间商们提供的各种货物：当天的新鲜面包、茶叶、烟草、意大利面食、调味品……"等到下一次直升机再来装运收割下来的鹿茸时，牧民还会收到他们上次的订单：摩托雪橇的活塞、中国产录音机的电池、最新的俄罗斯迪斯科音乐磁带、游牧帐篷用的帆布，以及枪支弹药，还有最重要的面包和茶叶。

一个驯鹿牧民一次向来自中国、韩国或日本的东亚商人出售 300 公斤鹿茸，相当于一辆俄罗斯摩托雪橇价格的 2/3，不过，包括此类物质需求导致的结果则是"非常拥挤的冻原"。与此同时，当牧民开始依赖收购者提供的直升机商品时，由于贸易路线的不稳定性，"鹿茸收购者无法兑现他们的承诺，没有给牧民们送去他们卖鹿茸换回的货物",如果这种贸易约定屡被打破,某种潜在的悲剧就会对牧民的生活产生威胁。

在揭示经济行为对社会结构的影响之前,《回顾》用《人为制造经济传统:国家驯鹿经济和民族群体的保存》一文展现了东西伯利亚地区在社会主义制度解体后的图景,"那些便宜的生活必需品、燃料、社会保障、正常的交通和更高水平的生活……随着苏联社会主义的终结一起消失"的情景。"大多数西伯利亚原住民……不得不重新开始狩猎和捕鱼。……驯鹿作为交通工具越来越重要了,这是因为燃料的缺乏。""一个驯鹿牧养人痛苦的陈述:'现在我们又开始需要养驯鹿了,我们都快忘记它了!'"该文似乎以相反的预言方式,描绘了西伯利亚林地-苔原经济的脆弱本质。

那么当我们再次读到《北史》、《隋书》"室韦传"中几乎雷同的记载——"夏则城居,冬逐水草,多略貂皮"、"多貂"、"皆捕貂为业,冠以狐貂,衣以鱼皮"、"尤多貂及青鼠"以及"用父母尸体捕貂"的臆想时(《旧唐书》"室韦传""契丹传"都有"遣使贡丰貂"的记录;《新唐书》"突厥传"有"岁内貂皮为赋"语,此外汉文史籍中几乎所有漠北群体都有貂皮贸易的民族志描述),或许就能体会,当包括貂皮在内的物质流动网络从7世纪之前很久即已开始铺设时,卷入这场贸易网络的人群经历了怎样的社会变迁。当更南方的农业人群或亲自参与,或经过其他游动性更强的游牧群体充当中介,北方森林中的生产者必然受到来自贸易网络的驱动;生产更多鹿茸/貂皮,是获取更多贸易产品的动机和结果。当"非常拥挤的冻原"开始出现,人们的生活就开始围绕贸易发生转变——投入更多的精力和人力从事生产,同时也交换包括枪支、食物在内的技术援助。

然后,这种贸易机制本身即使从今天的民族志看来依然脆弱——哪怕依赖直升机这类现代工具——那么在千年之前的情况就更加昭昭了，而且传统时代的森林居民也没有黯然"重新开始狩猎和捕鱼"，他们选择更激烈的方式回应这种经济行为对社会结构的影响。比如，在贸易终止、供应不足时，沿着业已存在的贸易路线，以劫掠等手段克服因社会生产结构过度依赖物质交换带来的经济停滞——在定居农耕者的眼中，就往往呈现出游牧民族源源不断南下的景象。当然，实际情况显然还要复杂得多，因为如《后汉书·祭肜传》所言，当鲜卑、满离、高句骊之属以"貂裘好马"加入这一贸易网络后，农业帝国的将领还鼓励他们攻击匈奴以获得更多奖励——在经济行为中，加入了政治维度——如我们在后来文献中所见，这些提供"貂裘"的"森林居民"最后摧毁了农耕者的防线，但对于这个进程最初的源头，却需要某个"生产－交换"模型的揭示（这个话题已经超过本文的范围了）。

《回顾》的启发

《回顾》一书为我们发掘蒙古高原以北、贝加尔湖以南广大泰加林带，提供了重要的经济－文化视角。虽然书中的内容来自当代的民族志经验，但结合汉文／蒙文古代文献，为我们重建历史脉络中的经济－社会结构提供了可能。同时《回顾》也用更开阔的思路启发我们，北亚——尤其是蒙古高原以北地区的文化体系——对认识中国，乃至东亚大陆历史进程的重要性，而这一视角往往是传统研究者所忽略的（或者被分割于所谓"正史"和边疆史／民族史两个不同的学科中）。毕竟，1220 年，长春真人与十八名弟子出居庸关，沿着大兴安岭西坡，沿克鲁伦河溯流一路向西的路线，也是数世纪之前，乌桓、鲜卑等北方林地人群向南移动，最终成为农耕社会一员的路径。

6. 深入历史深处的人类学*

"长时段"的视野

　　《新唐书·南蛮传》的"赞"最后总结道："《易》曰：'丧牛于易。'有国者知戒西北之虞，而不知患生于无备。汉亡于董卓，而兵兆于冀州；唐亡于黄巢，而祸基于桂林。《易》之意深矣！"《南

　　* 本文为托马斯·巴菲尔德所著《危险的边疆——游牧帝国与中国》一书评论，原文发表于《中国图书评论》2012 年第 5 期。

蛮传》的作者用另两个可供类比的例子,从"长时段"的角度解释了唐代灭亡的原因——由于南诏不断向东南渗透,两陷安南,迫使唐王朝不得不调用徐州兵士镇守安南北部最大的要塞桂林,久成不得更代的士兵最终造成"庞勋之乱",严重削弱了唐朝的根基,无力于黄巢——"唐亡于南诏"的观点不但得到陈寅恪的肯定,同时也得到人类学家芮逸夫先生的认可。

包括《南蛮传》在内的古今研究者,都没有把唐帝国的灭亡看成短时段内社会结构断裂——藩镇强大与农民叛乱——的结果,而是把这一激烈的结果,放到了一个更深远的历史背景中去。我们先不必忙着解释南诏与唐朝灭亡的"长时段"关联,但至少带着这种几乎近1000年的智慧(从1060年《新唐书》完成算),解读一下1000年后的一本著作:美国人类学家巴菲尔德的《危险的边疆——游牧帝国与中国》(英文原著,1989)。看看前人给我们留下的知识财富,能否帮助我们更好地理解这本关于"欧亚大陆游牧与农业定居人群互动"的著作。

拒绝"他者化"

人类学家巴菲尔德怀着人类学"文化相对主义"精神,拒绝传统观念中,农业定居人群将周边草原 - 林地带游牧人口武断地称为"野蛮""蛮夷"的做法,力图在《危险的边疆》(简称《边疆》,下同;凡涉及该书页码,均直接标出,不另做说明)一书中，深入"对汉族文明的学者而言只体现为具有很少内在价值的边缘历史"（p.4），打破"视部落民众为中原的长期附庸"，简单理解为"纳贡"、"归附"或者"入质"的刻板印象。他认识到，传统文献中建立在农业人群中心主义基础上的观点，"经常被现代学术通过一种继发的种族中心论不加批评地予以保留"，而且"对于定居社会的历史学家而言……也总是难以理解那些与其自身社会有着完全不同生活方式的部落游牧民族的文化价值与社会结构"（p.5）。

所以，巴菲尔德想要做的，就是将传统汉文文献中"他者化"—— 一律以野蛮、不开化、文明践踏者脸谱化形象出现——的游牧人群，放到历史主体的地位上。他们不是单一的，攻则漫山遍野、铺天盖地，退则如潮水滚滚、不留痕迹的入侵者，他们没有农业定居者一样基于农耕生计、生产方式的社会组织（文明的基础），但这不代表他们没有社会组织，没有文明，只是他们有的是另一种"文明"，游牧文明——建立在周期迁移、短期定居生产方式上的文化类型，及相应的社会、经济、政治组织。

不过，巴菲尔德并不是这种尝试的第一人。在人类学的领域，自以"启蒙教化"为己任的殖民时代在 20 世纪 60 年代前后结束以来，以埃里克·沃尔夫为首的一批人类学家在诸如《欧洲与没有历史的人民》等著作中，便已经开始"还历史于'没有历史'的人们"，把后者的主体性还给那些拥有发达文字书写历史传统以外的人群，因为失去"文字"这样有力的武器，他们只能任由掌握文字魔力的人们贬低为"蛮族（蛮夷）"。后有马歇尔·萨林斯在《历史之岛》中试图还原"土著的理性"。在这一思潮涌动背景之下，同为人类学家的巴菲尔德在稍晚的时候，便在这份亟须"正名"的"野蛮人"名单上，在非洲广大的班图语族、美洲印第安人、大洋洲土著和东南亚山民之后，添上了欧亚大陆历史上驰名遐迩，令人闻风丧胆的"游牧人群"。

一言以蔽之，他想要通过对游牧人群"政治组织"的描述，考察游牧者与农业定居人群的"互动范围"。然而，从人类学的蹊径中走出来的作者，会不会又回到了历史循环论的窠臼："中国的征服王朝：是否存在一种边疆关系的周期率……"（p.5）

人类学视野中的游牧民

既然把历史主体性还给了"游牧者"，那么，按照人类学的做法，就要描述他们的生计类型、文化要素，以及与之相应的"社会结构"。《边疆》的作者看到了这些（尽管他把主要笔墨放在了匈奴、突厥、蒙古等人群的亲属关系上），而且把他们与农业人群的互动详尽地归纳了出来（以两者物质交换为主）──游牧人群提供畜牧产品，而农耕者以不对等比例的高额"等价物"支付酬金，维持了某种"朝贡"体系──但除此之外呢？

他非常详细地记述了匈奴、突厥、蒙古和满洲的兴起和衰落，或许是出于某种谨慎态度，他回避了游牧人群与农业定居者的大量冲突，小心地描述游牧者的轨迹，甚至还努力廓清"游牧帝国与中国"的界限，保证自己的视角全都落在游牧人群那边。同时，他又像以往的历史著作一样，记录了游牧者"汉化"（文化涵化）的过程──胜利的游牧民"入主中原"，听取汉人谋士的意见，遵行农事,崇尚儒风。

巴菲尔德力图避免以往那种"附庸"与"边缘历史",然而,《边疆》让我们更多联想到的还是格鲁塞《草原帝国》一类的风格,由戈壁、沙地隔开的草原和农耕地区,成了两个截然不同的世界,游牧人在农业帝国视野中的出现依然突兀,他们如潮涌来,每次仿佛只是变换了名字,又重新登场。10 多万匈奴融入后起的鲜卑,契丹、女真和蒙古只是先后继起。只是,在人类学家眼中,他们从输诚向化、入贡纳赋的"蛮夷",变成了智慧的"勒索者"——他们并不倾慕"汉化",只是理性主义、商业头脑使然——并从物质交换的配角,变成了左右汉人农业帝国政治 – 经济运行的主角。当然,巴菲尔德还为每一个历史时期出现的主角绘制了详细的谱系,试图讨论亲属关系在他们政治组织中的作用。

不过,我们稍加注意,还能找到另一些人类学独特的视角。巴菲尔德提到,"有证据表明,游牧的匈奴人民有大量的谷物可供支配,这很可能是由被俘的农民生产的。例如,公元前 119 年……汉军将领卫青及其五万士兵用缴获的匈奴粮食大摆盛宴,并在南返之际,将剩余的粮食付之一炬"(p.61)。游牧人群谷物种植情况的发现,并不是新闻,更多的材料也见王明珂继巴菲尔德之后写成的《游牧者的选择》,然而这种极有可能纠正我们对游牧生活固有偏见的发现,似乎少了更多着墨。

细心的读者还会发现,《边疆》中详细记录了游牧人群每次从汉地王朝获得的"回报",如"呼韩邪获得了黄金二十斤、钱二十万、衣被七十七袭、锦绣绮縠杂帛八千匹、絮六千斤;他的随从受赠谷米三万四千斛。……第二年,呼韩邪声称其部众困乏无助,汉廷遂派发谷米二万斛赈济……"(p.81)不论是匈奴,还是后来的鲜卑、突厥、契丹、满洲,都与汉地王朝发生过频繁的物质交换,巴菲尔德的笔触随同历史文献一样戛然而止，而把更大的奖励和发现的喜悦留给了后来者。

新的思路

像历史学家一样，《边疆》的作者在文献终止的地方停了下来，他似乎暂时忘记了人类学家"社会结构"这一利器。尽管文献没有提到它们的来踪去影，但是，我们或许可以设想一下，"衣被七十七袭、锦绣绮縠杂帛八千匹、絮六千斤、谷米三万四千斛"从哪里来，又去了哪里？这显然不是一次性支出，而是多年如此的支付——这些既不是凭空出现，也不会就此埋入地下陵墓——会产生哪些"看不见"的影响？材料背后，反映的是看不见的"社会（生产）结构"。此外，其中隐含的信息还显示，游牧人群所需要的，与农耕者并无不同——而且，最重要的是，他们不光是乳和肉的食用者，他们同样消费大量谷物！

大量关于游牧方式的研究（包括弗里德里克·巴特、王明珂和德国马克斯·普朗克人类学研究所）显示，纯粹的游牧生计方式（如西伯利亚驯鹿放牧者，或如以狩猎-采集生活为主的"林中百姓"）无法维持大量人口（如"控弦之士二十万"），汉地农业帝国眼中的游牧"入侵者"来自农牧混合经济，且农业占据相当大的比重。

事实上，传统研究的症结，恰恰在于将游牧与农业经济划分成两个截然不同的世界，并在彼此之间划分了一条"边疆"，这种二元的分割，阻止我们深入大漠的另一侧（今天国家疆界的确立，让我们对蒙古高原以北、贝加尔湖以南地区的农牧混合经济缺乏更直观的认识）。其实，大量史料记载，在汉地赋役较高时期，人们流入游牧地区从事农牧；而且农业帝国也鼓励（或掠夺）匈奴人口从事农业生产；反之则相反。这种更开放、更加整体化的观点能为我们打开更开阔的视野：两汉帝国对匈奴的胜利，并不纯粹出自军事上的胜利，汉帝国对西域与河西走廊农业地区的控制，构成了胜利的决定性因素——对西域农业绿洲的控制远不止给汉地远征军提供补给，同时也阻断了游牧人群的农作物供应，加速了农牧混合经济社会的瓦解——现在我们可以理解卫青那"付之一炬"的决定性意义了。

历史的进程没有那么简单，解决了粮食问题，我们还有"衣被、锦绣绮縠杂帛和絮"的问题。《边疆》提到一个唐代的案例，"（回纥可汗）大为震怒，并要求偿付所欠马匹价值 180 万匹绢。……有观点认为，朝廷的这些负担通过对东南富饶地区征收的年赋来弥补，这大约是 20 万匹绢"（p.196）。巴菲尔德在本来应该乘势而入的地方点到即止，一笔带过，用"有的观点"遮住了人类学的眼光。

历史学家止步于数据的罗列，但对于人类学而言，"七十七袭、八千匹、六千斤、三万四千斛"并没有那么简单，甚至构成了讨论的出发点。这些数字背后是一个庞大的生产体系，而生产体系（物质生产）实际上反映了整个"社会结构"。先从游牧者的视角来看，他们从农业帝国那里获得了这些物质产品，需要通过"再分配体系"分发出去，分配的网络可能按照包括亲属关系在内的复杂部落间关系展开；另外，如同农业帝国的君主，这些产品也不是无偿赠予的（如匈奴及后来的游牧人群，都要用马匹或畜牧产品交换——且不论兑换比是不是合理），产品在游牧世界从中心向边缘的扩散，好比货币浪潮的推动，刺激了草原深处的生产。

我们可以设想，农业帝国提供的物质产品促使多少人群加入这场贸易网络。虽然文献没有告诉我们有太多远方聚落（以匈奴为代表）为农牧混合人群提供皮货、毛料、手工制品，以及铁制品（被称作柔然"锻奴"的突厥），甚至雇佣兵的情况。但是，契丹向女真索取贡物的行为，最终促使女真社会的全面崛起；而鲜卑首领檀石槐之父投鹿侯就在匈奴中服兵役三年——鲜卑卷入匈奴与汉朝的军事互动，推动了鲜卑社会的整合。正是"生产刺激—人口增长—社会整合—资源压力"这样的进程导致了汉地农耕者眼中此起彼伏的游牧者浪潮。

另外，这些物质产品对农业帝国产生了深远的影响。年复一年的大额度支付，最终转嫁到国家控制的编户头上，其实包含复杂的连锁效应会以一种"微观"的方式传递下去。向南方山地索要更多的可耕地、更多的赋役提供者，造成当地原住居民的暴力回应——这就是我们在开篇看到那段话的实际含义。另外，即便"东南富饶地区"也有承受的极限，沉重的赋税（其实更残酷的是兵役，尤其农业帝国的南北两线同时开战）迫使人口逃亡，未及逃亡人口的负担则成倍提升，农业帝国内部财政紧缩，又反过来影响了与游牧人群的经济互动。兵役、赋役的不足，同时也削弱了农业社会在军事和经济方面的实力——这便是我们在所谓"朝代末期"看到的"内忧外患"——其实都来自长期积累的结果，"唐亡于南诏"，其信矣。

现在我们可以回味一下开篇那段引文。1000 年前的智慧确实不谬，真正对历史产生决定性影响的并不只有那些剧烈的突发事件，还有那些只有通过"长时段"视角才能揭示的深层原因。《边疆》的作者为我们提供了非常详尽的材料，却"三顾而不入"，实为遗憾。游牧与农业社会并非截然对立的世界，二者的联系与转换将继续给我们带来有趣而值得深思的主题（篇幅有限，恕难展开），也将继续启发历史学家与人类学家。

外一篇　是严寒造成了历史上的北方民族南下吗？[*]

气候史的刻板印象

这几天里，全国气温从南到北普遍骤降，雨雪霏霏，让人窝在家里，哪儿都不想去，也暂时忘记了之前由于气温持续不降导致的雾霾影响。新闻里，哈尔滨动物园里的企鹅据说都冻得发抖，人们以此来证明本季的严寒——连企鹅都冻成狗了，人都给冻成啥样了。我的朋友们纷纷南下歇冬，像候鸟一样飞往南方。

---

[*] 本文原刊于《腾讯·大家》栏目（2016 年 1 月 26 日刊）。

　　寒冷的气候让人不禁想到了过去许多年里热门的"气候史"，气候史是建立在一系列气象史证据上的历史研究。这个交叉学科利用"树木年轮""冰川冰芯"，或者泥沼中沉积的"花粉孢子"重建了过去数千年中地球表面经历的气候变化，然后，将气候变动的峰值和人类历史上的重要事件进行对比，以此实现对历史的"自然"解释。

　　气候史研究的先驱就包括气象学家竺可桢先生。他于1973年所作的《中国近五千年来气候变迁的初步研究》，虽然严谨地将气候变化作为主要研究对象，但作者还是暗示了气候与人类活动的关系，"十二世纪初期，中国气候加剧转寒，这时，金人由东北侵入华北代替了辽人，占据淮河和秦岭以北地方，以现在的北京为国都"。

　　再往后，另一个气候史研究更为名声显赫的案例就是"小冰河"。我们已知，地球历史上发生过多次周期性的"冰河时代"，距离我们最近的一次"小冰河"时期就在17世纪达到巅峰。这时候就是中国的明末。美国考古学家布莱恩·费根的《小冰河时代》一书就带有典型的气候史风格：经历了小冰河峰值的"17世纪30年代，明王朝时期的中国举国大旱，政府横征暴敛，激起四方民变，满族势力趁机从北方加大攻击力度。至17世纪40年代，中国南部肥沃的长江流域先后遭受严重旱灾、洪灾、时疫、饥荒，数百万人或活活饿死，或死于1644年满族击败明王朝的最后一次战役。17世纪40年代初，饥饿和营养不良引发的致命传染病使得日本国内大批民众丧命。同样恶劣的天气也波及朝鲜半岛南部肥沃的稻田，传染病夺去了成千上万人的生命"。

　　一言以蔽之，天气一冷，游牧民族就会南下，中原就会板荡。简单来说，就是天气严寒导致了匈奴、鲜卑、女真、蒙古这些草原部落的南迁，展开了对农耕地带的征服——天一冷，北方民族就要南下（避寒）——想出这个理论的，一定是怕冷的南方人。

"环境人口容量"的秘密

然而，这个表面上完美的解释，并没有那么可靠。举出一个天气变冷和人群迁移吻合的例子，就有另一个不吻合的例子等着。以色列考古学家吉迪研究了新石器时代晚期至商代的中国气候和人口的关系，他观察到生活在内蒙古赤峰地区的"夏家店下层文化"南迁的时段里，并没有发生气温骤降。以此证明，气候对人类的影响更为"复杂"。拿竺可桢先生的气象史对照，也可以发现，气温变化和北方人群的迁移并没有那么严格相关——那些北方游牧民族南下的时候，并没有遇到严寒。数据更多表明了，他们实际上是想南迁就迁！

我们还有另一个更简单的逻辑方法来论证气候史的认识性偏差。即便我们承认"天气一冷，游牧民族就会南下"这一假设，可这和另一个前提矛盾。温度急降的"小冰河气候"在历史发生多次，如果寒带人群都受不了严寒而南迁，那么北方游牧民族早就一次性南下走光了。（他们最初怎会到北方定居都会成谜。）然而实际情况是，"南下"在历史上屡次发生。也就是说，还有许多北方民族有能力忍受住极度严寒，继续在北方繁衍生息。既然如此，他们的后代为何衰弱到忍不住寒冷，选择南下呢？唯一的解释就是，生活在北方的民族早就有一套适应寒冷的文化方式，没必要仅因寒冷就离开家乡。认为北方游牧者冷得找不到北，只是南方人本身逃避寒冬的心理投射。

虽然游牧民族并没有因为气候严寒就频频南下，但他们到底还是南下了，这是什么原因呢？人类学家告诉我们，"不考虑'环境人口容量'的气候史都是耍流氓"。一块单位土地上物产所能供养的人口数量，就是"环境人口容量"。假设西伯利亚森林里，每平方公里的物产可以养活 30 ~ 50 个人（气候最差的年份是 30 人，最好的年份是 50 人），环境人口容量 =30 ~ 50；上海每平方公里生活 20000 多个人，人口容量 =20000+。总体上讲，人口容量会随着纬度和海拔的上升而下降。

这个概念对我们理解"气候对民族迁移的影响"至关重要，气候波动实际上影响的不是个人，而是人口容量。如果 11 世纪时，生活在南西伯利亚的一个蒙古部落只有 25 个人，低于人口容量的下限（30 人），那么不论是暴风雪还是极寒，都不会让他们挨饿，因为单位土地上的食物足够他们开销。反过来，如果这个部落人口突破了 50 人，那么即便是年成最好的年份，还是有人会吃不饱，那就更别

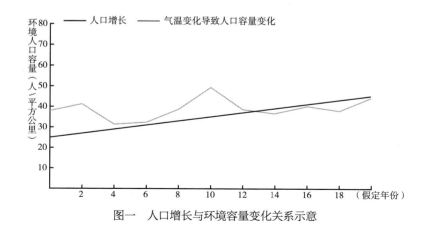

图一 人口增长与环境容量变化关系示意

说如果这时还遭遇了极端气候的话。

从"人口增长与环境容量变化关系示意图"中我们可以看到，气温波动影响的是人口容量，使之在一个区间的上下限（30 ~ 50人／平方公里）之间波动。而该地区的人口数量则存在一定比例的增长，当人口增长曲线低于环境容量曲线的下限时，无论多剧烈的气候波动，都不会影响人们的生计，也就不会发生"南迁"。而当人口增长曲线突破了环境容量的下限（30人／平方公里）时，即便普通的气候变化，也会造成食物短缺，引起迁徙。两条曲线焦点 G 点位置其实处于环境容量曲线（气候波幅）的平均位置，并不处于气温极低的位置。

归根结底，不是极端的气候导致了人群的迁移，造成了中国历史上大量"北方民族南下"，而是人口增长本身造成的。人口增长突破环境容量后，导致食物供应不足，才是北方民族"南迁"的关键原因。因为对于游牧民族来说，迁移是他们解决食物不足的第一方案。如我之前所说，人口容量会随着纬度降低而上升，南方通常总比北方能提供更多的食物，这在东亚就表现为"南迁"。

锦帽貂裘，千骑卷平冈

解释了气候对人口环境容量的影响，我们需要借助文献来论证一下这个新的观点。

以历史上最著名的蒙古帝国的崛起为例。在关于蒙古部落起源的《蒙古秘史》开头部分,有很多篇幅提到了一种独特的生计活动:成吉思汗祖先之一的"豁里剌儿台·蔑儿干由于豁里·秃马惕地区自相禁约,不得捕猎貂鼠、青鼠等野兽,感到烦恼。……因不儿罕·合勒敦山为可捕猎野兽的好地方"便迁移了过来。很有意思,成吉思汗的祖先作为游牧部落,并没有因为气候变化而迁移,他们迁移的理由非常特别——不得捕猎貂鼠、青鼠等野兽,感到烦恼。

提到蒙古与貂鼠关系的不仅是《蒙古秘史》,当我们再次读到《北史》《隋书》"室韦传"(汉文文献对"蒙古"的称呼)时,同样会发现一些有趣的记载:室韦部落"夏则城居,冬逐水草,多略貂皮""多貂""皆捕貂为业,冠以狐貂,衣以鱼皮"。蒙古室韦部落为何捕貂,两唐书说得更清楚。《旧唐书》的《室韦传》《契丹传》都有"遣使贡丰貂""岁内貂皮为赋"的记录。

这些文献为我们理解蒙古部落的起源和迁移提供了一个难得的窗口。他们"捕猎貂鼠、青鼠等野兽"的目的并不是为了自己吃肉,而是为了貂皮,这些貂皮也不是自用,而是为了进贡。进贡给谁?无疑就是两唐书作者们背后的"南方帝国"。对于蒙古部落来说,貂皮并不是白白进贡的,辽、金两朝其实用本地所产的粮食、盐、铁器和蒙古进行交换。达官贵人以貂裘为宝,用盐、粮促使蒙古部落不断为了捕貂而迁移。反过来,外来输入的粮食、铁器给蒙古部落人口的增长提供了物质基础。

外来食物的输入,导致了部落人口的持续增长,过不了多久,或者因为"貂鼠"产量下降"感到烦恼",或者因为辽金乃至宋朝对貂皮需求的下降,输入蒙古地区的粮食开始减少。然而,过去很多年中增长出来的人口,却没有那么容易下降。饿着肚子的部落民,就需要以寇边、劫掠的方式,向南方曾经的贸易者获取粮食。而这就往往成了我们熟知的某部游牧帝国史的开头了。

我们用同样的视角来看后金（清朝）的兴起，就更加清晰。女真向明朝提供貂皮的贸易过程和蒙古的起源别无二致，只不过在进贡清单里多了一项"人参"。当貂皮和人参贸易下滑时，明朝与女真的关系就慢慢变得不那么友好了。

综合起来，我们至少澄清了一个重要的问题：气候变冷，并不会使北方民族南下。不然的话，北极早就是世界上最大的人口输出地了。在"南迁"之前很少被记录下的北方人口增长过程，才是大量汉文文献中记载的匈奴、鲜卑、蒙古、女真部落南迁的真实原因。反过来说，那些北方部落人口的增长，实际上源自南方人的物质需求和欲望。

"老夫聊发少年狂，左牵黄，右擎苍。锦帽貂裘，千骑卷平冈。"留下这首《江城子·密州出猎》的苏轼可曾想到，他在山东诸城"老夫聊发少年狂"时穿戴的"锦帽貂裘"就来自中原与北亚之间看不见的贸易之网。而这背后，则预示了一个多世纪后蒙古人口增长，继而南下低纬度平原的先声。

7. 人参的功效就是图个开心，益智就算了*

　　世人都道人参好，只有功效不知了。人参，是深受广大人民群众喜爱的进补佳品。可人参到底好在哪里？没人知道。隋代人提到的《神农本草经》里说，人参"主补五脏，安精神，定魂魄，止惊悸，除邪气，明目，开心益智"，告诉我们吃人参能"开心益智"，可这大约说的是上党人参（后来被贬值的党参）。叫"参"的植物很多，人参、丹参、沙参，可它们从植物学上说，都不是一个科的，今天我们熟悉的"东北人参"，差不多是明代中后期，才为广大中国人接触到。人参王国的分类这么混乱，以至于台湾"清华大

*　本文为蒋竹山所著《人参帝国：清代人参的生产、消费与医疗》一书评论，原文发表于《南都周刊》（2015 年 5 月 2 日刊）。

学"的蒋竹山先生发愿写一本《人参帝国：清代人参的生产、消费与医疗》，要把人参的故事讲讲清楚。

蒋竹山的"人参帝国"讲的是清朝，清朝把人参当成一桩专利的好买卖，把东北的147座人参山分给从龙入关的八旗，每旗分到十几座。收来的人参都按每斤十几两银子的价格由国家收购，得了卖参钱的满族旗民，就这样过着靠山吃山的幸福生活。

人参不像萝卜干，虽然晒得硬邦邦，可也有保质期，还得及时卖了。作者收集史料证明，东北人民挖人参，江南人民吃人参。《红楼梦》里晒富是这么说的："别说一日二钱人参，就是二斤人参也吃得起"——这当真是把人参当萝卜吃了。别说富人家，就是穷人家也拼着性命吃人参。《儒林外史》里说，一个少年得病，大夫开了人参的方子，"每剂要五两银子，自此以后，一连害了两年，把些衣服、首饰都花费完了，两个丫头也卖了"。硬是把个小康之家给吃穷了，也没见好，看来人参也没有什么疗效。

再往后，作者又谈起人参作为"居家旅行、走亲访友"必备之礼物的功效，书就说完了。结果没"帝国"什么事儿，让人看着好不给力。其实蒋竹山先生的这个故事，往两头延伸一点，味道就能出来了。满洲人挖人参的传统，是从明朝时候继承下来的。努尔哈赤的老祖宗阿哈出是明成祖朱棣的三岳父，那时女真人和明朝的关系好得很，每年和明朝贸易马匹、貂皮，顺带也捎点儿人参。明朝人为了鼓励女真前来贸易，就连带着也收购些人参。人参天生地长、满山遍野，在女真眼里最多是个能耐饥的土特产。所以，随着年长日久，人参渐渐超过貂皮等物，成了双边贸易的主要物品。

朝鲜人的《李朝实录》里说，女真人"不事农桑……倾落采参……成参实时……空落而出"。明朝就慢慢被这种贸易活动所"绑架"。女真用人参换明朝的粮食，粮多人多，人多参多，参多粮多，人口增长的闸门就一直打开下去。明朝要那么多人参根本消化不了，于是明朝闭关暂停人参贸易，导致1608年，"努尔哈赤以五千骑叩抚顺关，挟（人）参索直（价值）"事件。女真人的强买强卖事出有因，不过，卖不出去的人参还是腐烂了十余万斤（戏剧性地导致了人参加工、销售方式由新鲜向煮熟、晒干改变，从此我们吃的人参都是干的了）。

再往后的故事我们就都知道了，由贩卖人参起家的满洲帝国，最后推翻明朝。因为女真拿了明朝的粮食去繁衍人口，明朝拿了女真的人参却一点儿用处都没有，白白损失了粮食，让饿肚子的宁夏驿卒李自成走上了叛乱的道路。

了解这段"前传"，再看蒋先生的"后传"才能明白。清朝八旗对人参的重视，既是对祖先致富手段的纪念，也是这段传统的延续。但这丝毫不能改变人参原本是没有药用价值的土特产的事实。可清朝帝室就是靠这物什起家，一般人都不敢质疑人参的药用价值，北方地区又知根知底，不把人参当药吃。于是，只好靠着皇家专卖的手段，包销给南方不明真相的群众。所以才有了浙人爱吃片、赣人带根吃、闽人好中段儿的奇怪品味，就差红烧、清炖。

就这么胡吃海吃，终于把东北的野山参给吃没了。西洋人看到中国人如此爱吃人参，就从加拿大魁北克和东北相同纬度地区进口了同科属但不同种的西洋参。可笑的是，当时西洋参从广州进口，让老中医以为都是"南方"来的，居然给这寒带作物标了一个温热属性。清朝没了人参这棵摇钱树，白银流出到盛产西洋参的美、加，政府财政便难免赤字，帝国随之破产。就这样，"人参帝国"的故事才能最终说圆了。

所以说，老祖宗说得对，人参的主要功效，还是"开心"，"益智"就算了。

第二编　中国

　　从考古发现中国，是我们的终极目标。在逼近这个目标之前，我们先要明确，中国意味着什么。在现代地理制图技术出现之前，中国古人对自身在地球上的位置始终处于一种混沌的状态。如本书前言所说，好比即时战略游戏中，被"迷雾"笼罩的初始阶段。

　　这种状态使留下二十四史的古代史家们，其实并不知道自己周边的"四夷"是打哪儿而来，也不太清楚自己用来支付军饷的丝绸，最终去了哪里。并且只能眼睁睁地看着从都城出发的商旅、军团、移民队伍，消失在道路的尽头——即便这些道路后来被称作"丝绸之路"。

　　意识到这一模糊而非清晰的认识，将有利于我们更好地理解古人头脑中的"中国"。因为这提醒我们，中国古代文献照见的，多是我们目力可及之地。而只有通过更多科学方法驱除道路尽头的"迷雾"，才能让我们发现一个全新的立于整个东亚的中国。

1. "我是谁?": 追溯一个国家形成的遥远历史*

"我"是谁?

中国是怎样形成的? 这是一个众说纷纭, 又总让人陷入思考的问题。我们生活的国家就是"中国", 然而, 这个国家又是一个多重的时间、空间的集合体。中国不像美国, 虽然疆域也在变化, 但只有两百多年明确的历史; 一般认为, 中国在东亚具有连续几千年

---

* 本文为许倬云所著《说中国: 一个不断变化的复杂共同体》一书评论, 原文发表于《新京报·书评周刊》(2016 年 3 月 12 日刊)。

的历史，在现代国界观念出现之前，在疆域上更是经历了巨大的变化。不用说，在人群迁移方面，迎来送往无数的古今民族，都让这个问题变得更加复杂。

要尝试回答这个问题，注定是一件艰巨的任务。许倬云先生以耄耋之龄，以《说中国：一个不断变化的复杂共同体》一书直面这个问题，令人敬佩。他在谈到该书的缘起时说："'我'究竟是谁？这个问题，不是一言两语可以解决的。"然而这又是一个不能不面对的问题，因为"在这几千年来，世界第一次走向全球化的时代，我们审察自己的归属和认同，也审察族群归属和认同的原则，应是非常严肃的课题，庶几我们不被狭窄而偏激的族群狂傲挟持，迷失了自己往前走的方向"。

由此可见，说清楚"中国问题"意义重大，在这个时空集合体中梳理出脉络，不但具有学术价值，而且还有现实意义。作为一个具有现实关怀的学者，许先生意识到，何谓"迷失"，便是由于中国国民或研究者，对"何为中国"并不具有充分而理性的认识。或者以"朝贡"观念凌驾于万国之上，放不下身段与世界各国平等相待；或者以"天下"观念自恃，仍旧幻想以本国而为世界之中心；乃至在国家内部，将"汉"文化置于其他文化之上，造成种种待人接物中的失度。

而只有认清自己的历史，才能"对自己有所了解，不至于产生大国沙文主义，也会因此消除四周邻居的敌意"。从序言中可见，许先生非常明确地表达了写作本书的意图，就是想揭示出一个"多元、多样"，而不是单一、固化的中国，通过这种多元性的呈现，消解掉一种故步自封的樊篱。

从非洲入东亚的人类迁移史诗

以此为目标，许倬云先生的写作思路就非常清晰：我们印象中中国历史由"秦汉……唐宋……明清"等正统朝代组成了一个朗朗上口的序列。而实际上，这里面没有一个王朝是可以脱离东亚乃至世界体系这个背景而独立存在的。

所以，在本书的开头，作者就跳出了一般历史化的写作，结合分子人类学和考古学的最新成果，指出了中国这片土地上的居民从最初开始，便是最早期一批"外来者"的后裔。"'现代人类'离开非洲以后，在五六万年前分批进入欧亚大陆。那些进入中国地区的人群，有一批是沿着太平洋海岸北上；另一批则是沿着东南亚和印度洋交界处，北上之后，有一部分折向西方，有一部分折向东方……"从头打破了国内学术界一直遮遮掩掩、不愿直面的中国人群的来源问题。由此可见，从源头开始，中国人群便不是土生土长的"本地猿人"的后代，而是从非洲开始的人类迁移史诗的一部分。

当然，这里理解的迁移并不是如我们今天所想到的乘坐飞机、车辆的旅行，而是经过了"几万年的迁移，为了适应当地的天然条件，分别有了自己的演化过程"。同时，这里还容易落入另一个认识误区：世界上所有人类的祖先都来自非洲。也不表示今天的非洲人／印度人——这些是人类迁移进入东亚过程中的站点——就是中国人的"祖先"，当代非洲人和东亚人之间的关系就像是隔了很远很远的堂兄弟。

既然从头开始，这片东亚大陆上的居民就以迁移的方式开始了

"中国"之旅,那么后来者便自然沿前人的脚步亦步亦趋地继续这一场旅程。虽然暂时没能提出夏人的起源,作者指出了,商人是在不断迁移的过程中,由外而内地替代了夏人的统治,而"商人的老家应当是在渤海地区"(即辽东半岛西部),这就不是一般认识上东亚地理的中心区域。与之相仿,作者也指出了替代商朝的周人"本是居住在陕北、晋西的族群,毗邻河套地区",他们也是通过迁移,南迁到了后来的关中地区,成为商朝的附从,随后开始了自己的勃兴。

由此可见,从中国文明史的开端以来,夏、商、周三代都是从东亚核心区的"外围"一点点内迁的,并不是一开始就以所谓的"中原"为根据地向外发展的。但这些王朝在东亚的核心地区站稳脚跟以后,就开始频频向周边发展,阻止其他民族像他们一样"由外而内"进占中原。同时为了在理论上建立阻止外族向内迁移的合法性,就建立了"华夷之辨"的修辞方式,封自己为正统,还把周边的人群称作"夷"。这实际上是一个非常主观的分类方式,因为这个"华"和"夷"并不是固定的,生活在中原的人们一方面阻止不与自己合作的"夷狄"进入;另一方面又鼓励和自己保持密切文化、经济往来的人群加入自己,打开方便之门。这就是后来处在华夏边缘的秦国入主中原,成为正朔的原因。总的来说,所谓华夏和夷狄,就是人为建构的结果,这些人在生物学上并没有本质差别,有的只是一些相对的文化差异。

如果说,那些由外而内的人群有着明确的移动、变迁过程,那么当"华夏"形成之后这一文化上的分野是否就此固定下来,塑造了某种标准呢?答案同样也是否定的,在许多让晚近时代的中国人引以为豪的时代中,这种人口流动、文化融合反而表现得更加明显,而这种多元性甚至进一步促进了这些时期的繁荣。

比如唐朝，许先生这样论述了唐朝发达的文化："深受胡化的唐代，在中国文化的基础上，接受了许多外来的成分。"在饮食起居、音乐舞蹈、数学、医学和天文学方面，都深受外界文化的影响。这里还要加一句，连唐朝的军队甚至文官，都有很大一部分来自唐朝本身实控区域以外的人们，从而得出结论："唐代文化的接受能力，可能是中国历来最强的。"

从宋代以后直至有清一代，更加难以将"华夏"和"之外"的文化交换分隔开来。在东亚的土地上，以黄河流域这一地理中心为主轴，南部和北部的文化都在中间交汇，正是这种不断融合的过程，塑造了位于东亚大陆核心的"中国"。

是不断变迁的世界的一部分，不是"文化孤岛"

诚然，书中对何为中国的具体论述，还有进一步拓展的空间，比如人群与文化迁移的具体路线，其实是一个有趣的话题，和今天渐渐升温的"丝绸之路"研究也有着紧密的联系。以及，中国文化以南北而分的地理依据，都能让我们对这个"复杂共同体的形成"产生更具体、明确的认识。

此外，尽管书中重复了有些陈旧的话题，比如"假如中国北方草原上不是如此寒冷，那些东北和北方的胡人也不会大批地进入中国"——其实据当下掌握的气候史证据，古典时代气候波动的波谷与北方人群的南下时间线并不吻合。此外，这同样无法解释，那些北方草原上的居民本身又是从何而来，他们在先前又如何克服了当地寒冷的气候而没有发生迁移，偏偏选择了某个时期南下。再比如，将清代中国的出现视作一个偶然，满族在东北关外崛起，趁明代中国混乱之际取得政权，也模糊了其中蕴藏的历史发展轨迹。如此种种既定的思维方式，或许是我们在未来的研究中需要避免的。

然而，这并不能掩盖许先生在书中力图呈现的一种卓有见识的文化多元的观点：中国在历史上的发展和繁荣，并不是一姓一族的荣誉；同理，中国在历史上陷入的低谷，也不是某个民族取得政权的结果。中国在近代以来遭遇的现代文明的冲击，实在是"经过三个朝代五六百年的压制"堆积。换句话说，历史上组成中国的所有文化分享了中国"好"的一面，也共同承担了其中"负面"的责任。

在中国经济日益发展的今天，了解"中国"的形成具有现实意义。我们已经明确，历史上的中国，从人口来源和文化上，就是一个和周边文化、世界其他文明存在广泛而密切联系的共变区域，而不是一个巩固一隅的"文化孤岛"。我们需要明白，古往今来，中国都是这个不断变迁的世界的一部分，而这也是许倬云先生在书中给我们的启示。

2. 冀朝鼎八十年前对中国经济区域发展的预测[*]

中国古代经济重心南移

许多年前，我还在读历史系的时候，有一个颇为流行的议题：中国古代经济重心南移。简而言之就是，秦汉时期中国经济以黄河流域为核心，再往细分，秦朝偏黄河中游的汾渭地区，两汉则向下游发展。经过三国两晋南北朝之后，中国经济核心区逐渐向长江流

[*] 本文为冀朝鼎所著《中国历史上的基本经济区》一书评论，原文发表于《澎湃新闻·上海书评》（2017年1月1日刊）。

域发展，再捎带上长江上游"天府之国"的四川盆地。到了唐代以后，尤其是经过"安史之乱"，江南得到更全面的开发，从南宋到明清，长江流域对中国经济的贡献已经大大超过了黄河流域。

我们今天已经把这个议题当作一种基本共识，作为讨论的基础，而非争论的主题。然而当时的我却颇不能理解，这种经济重心改变的认识，有何实践意义？更不用说，是谁最初提出了这一观点，以及这在整个知识谱系中存在怎样的联系。

直到后来，自己研究史前和文明时代的人群迁移，才慢慢对这个议题有了感觉。中国历史上关于经济地理的最初认识是建立在《尚书·禹贡》"九州"观念上的。在九州体系中，中国的地理方舆一开始被划分为冀、兖、青、徐、扬、荆、豫、梁、雍九个部分。《禹贡》还对九州的经济情况给出了具体的区分。位列赋税等级前三位的分别是冀州、豫州以及荆州，这基本覆盖了传统上的中原地区。对南方而言，尽管一个扬州就囊括了几乎整个华南，在面积上和另外八州总和相抵，但在赋税方面只能排到第七位。

司马迁在《史记·货殖列传》里提到"关中之地，于天下三分之一，而人众不过什三；然量其富，什居其六"，此时，黄河中游的关中平原，在人口和生产方面都遥遥领先。而南方的"楚越之地"则被认为"地广人希……无积聚而多贫"。这和《禹贡》时代的情况大体一致。但到了《资治通鉴》时，中国经济地理已经出现了"扬（州）一益（州）二"的全新格局。从宋元开始的"苏湖熟，天下足"，到明清时"湖广熟，天下足"的谚语，都说明了这样一种向南发展的整体趋势。

今天来看，这种经济重心改变的现象确实存在，并被中国古代文献记录下来，但在中国传统学术"重经学，轻经济"的背景下，却从未得到足够的重视，直到 20 世纪 30 年代。

冀朝鼎和他的基本经济区

不能不说是一种巧合，在 20 世纪 30 年代，好几位研究者都不约而同地关注到"中国古代经济重心南移"这一议题。其中以冀朝鼎的论述最早也最具代表性。

冀朝鼎 20 世纪 20 年代留学美国，在哥伦比亚大学获经济学博士学位，他的英文博士论文题目就是"中国历史上的基本经济区与水利事业的发展"。出于种种原因，该文直到 80 年代才被翻译成中文，以《中国历史上的基本经济区》为名出版。全书的主旨是：定义基本经济区的概念，研究中国的水利与经济区划的地理基础，以及简要地探索中国历史上基本经济区的转移等方面的问题。

他在文中首先给出了"基本经济区"的概念："漫长时期内，中国经济体系主要是由几十万个村庄构成，这些村庄或多或少都能自给自足，为了便于行政管理或者军事行动，它们被编成更大的单位。……在此经济区内，农业生产率和运输设施使缴纳漕粮成为可能，而且要远远胜过其他地区，因此任何一个团体，只要控制这一经济区，就掌握了征服和统一全中国的关键。因此，这种地区被定义为基本经济区。"

这样的基本经济区不是简单的一个省份、一个地理区域，比如长江下游三角洲，甚至不是一个空间单元，比如华北平原，而是一个更大的生产区域。作者将中国本土按照五个历史时期，划分了四个基本经济区。第一个是"泾水、渭水、汾水和黄河下游流域"（秦汉），第二个是"四川与长江下游流域"（三国、两晋、南北朝），第三个是"长江流域"（隋唐及以后），第四个是"西江—珠江流域"（明清以后）。

划分了这几个区域后，最难处理的问题就是如何论证"中国历史上基本经济区的转移"。经济重心的变化其实是个很难把握的主题，尤其是在缺乏详细数据统计的古典时代。今天我们要讨论经济变化可以使用建立在国民经济统计基础上的大数据，比如 GDP。A 地经济规模数倍于 B 地，且增幅也领先后者，则可推测 A 地相对 B 地更可能为经济中心。而在他写作该书的 20 世纪 30 年代，对古代中国经济发展水平的评估手段受限于数据，有关经济区域变化的过程很难得到直接的说明。

因此，为了捕捉经济上的变化，冀朝鼎用了一个讨巧的方法，使用了一种特别的参照系。正如该书英文版名称"中国历史上的基本经济区与水利事业的发展"所示，他将基本经济区的确立与评估和水利事业的发展联系起来。其中的逻辑简单、直接：因为古代经济的基础是农业，而水利事业发展水平与农业密切相关，当一个地区在短期内大量展开水库、塘、陂的修建，则显示农业有了较大发展，进而可以推测该地经济规模正迅速增长。更有意思的是，虽然中国古代史书对纳税人口的记录并不可靠（隐瞒人口可以减少贡赋缴纳，所以人口增减很难准确反映当地经济状况），但关于水利工程实施的记录却较为准确。这里的水利事业特指与灌溉有关的工程，不包括河道疏浚等。

他利用清末出版的方志材料，对当时中国（除缺乏记录的广西、贵州外）十八个省份的水利事业进行了比较详细的统计，得出了与我们在本文首部分看到的大体一致的结论。距离今天越近，基本经济区的位置就越靠近南方。这一转变的重要标志出现在唐朝时，"南方在唐朝似乎终于赶上了北方。不仅总体上发展迅速，而且南方和北方地位正发生改变，这表明基本经济区已经发生转移"。

被魏特夫误导

这样一项研究似乎为冀朝鼎实现书中最初的写作设想提供了可能："解释基本经济区作为控制附属地区手段的功能，说明基本经济区转移的实现途径，解释中国历史上统一与分裂交替出现的经济基础。"按照他的设想，基本经济区代表了东亚最主要的生产基地，谁控制了这一区域，就为王朝的统一提供了可能。而控制这一区域，并促进区域经济发展的基础和标志，就是开展水利工程。

根据这一逻辑关系，冀朝鼎解释了三国时期魏、蜀、吴出现的"根本原因是几个对立经济区的崛起。这些经济区的生产率和地理位置使其成为强大的基地，有能力不断挑战控制主要基本经济区的霸主的权威"。也就是说，新的基本经济区的出现，促进了新的地区中心形成。然而，这样一种解释却和他最初的设想产生了矛盾：基本经济区的存在为统一创造了基础，然而，新的经济区似又为分裂贡献温床。一种倒置的因果关系使他的解释陷入了循环论证的逻辑陷阱。

从另一个角度看，冀朝鼎的观点实际受到德裔美国学者魏特夫的影响很大。后者以"东方专制主义"观点为中国学界熟知。魏特夫提出的"治水社会"与冀朝鼎的想法不谋而合。他认为，在"干旱和半干旱地区……人们只有利用灌溉，必要时利用治水的办法来克服供水的不足和不调时，农业生产才能顺利地和有效地维持下去。……要有效地管理这些工程，必须建立一个遍及全国或者至少及于全国人口重要中心的组织网"。

令人遗憾的是，魏特夫的观点于 20 世纪 60 年代在学术界遭到致命打击。研究者通过对两河流域古代聚落的考古研究证实，大型水利灌溉设施是国家组织的结果而非原因。换句话说，是业已成形的国家为了提高农业产出组织了水利工程建设，而不是治水需求推动了国家的出现。这个结果具体到冀朝鼎的研究中，就产生了这样的问题：是基本经济区的出现促进了本地区水利事业的发展，而非水利工程导致了基本经济区的出现。当然，这并不影响用水利工程作为基本经济区存在和变迁的指标。

现在，我们需要重新省视冀朝鼎的最初诉求，用"基本经济区转移的实现途径，解释中国历史上统一与分裂交替出现的经济基础"。统一王朝的出现的确与它控制了东亚基本经济区有关，但是，新的基本经济区同样出现在统一王朝阶段，而非分裂时期。比如，控制黄河流域的隋唐王朝，开辟了统一中国的事业，而江南的大规模开发同样出现在唐代。是什么原因促使唐朝在现有基本经济区的基础上，追求更广阔的经济区，是冀朝鼎未能回答的问题。

其实，答案并不复杂。基本经济区的控制与发展，分属王朝发展的不同阶段。在唐朝奠基之初，控制关中和中原农产区为唐朝统一事业夯实了基础。而江南的大规模开发，显然与唐朝中期安史之乱后，北方农业核心区受战火蹂躏而萧条有关。唐朝用大力发展新基本经济区的方式，缓解了原有区域的生产在战争过后陷入的"地多人少"难题，以及中央对地方节度使区域的失控状况。而将经济希望寄托于未被战火波及的江南，有助于唐朝获得喘息的空间；冀朝鼎在方志文献中辑录的"水利工程"就是发展农业经济的必要手段之一，这在推动长江流域经济发展的同时，促进了所谓基本经济区的转移。此外，唐朝还利用隋代遗留的大运河，把江南的粮食运往北方，这为后来晚近王朝的资源流动开辟了新思路。

从这个角度理解，三国、两晋、南北朝的出现，并不能简单地归因于"几个对立经济区的崛起"。其实早在东汉中后期，与西羌及鲜卑的战争早已耗尽了黄河流域北方农产区的生产能力，东汉政府事实上已经尝试从四川盆地以及长江下游三角洲征集人力、物力。这一切自然少不了通过建设水利设施，改善当地生产条件。正是这些从东汉中期开始的拓边行动，为后来三国的形成埋下了伏笔。

八十年前的预测

回到冀朝鼎的初心，他用水利工程的统计数据来论证中国基本经济区的改变，这一点是可行的，且富有创造性。然而，当他用基本经济区的变化来解释"中国历史上统一与分裂交替出现"这一现象时，却不幸受到魏特夫的误导。因为基本经济区的变迁，实际是中国历史上王朝更迭的经济结果，而非原因。

不管怎样，冀朝鼎在近一个世纪前做出的这项尝试，无疑是一项具有开创性的研究。他为后来"中国古代经济重心南移"这一议题的确立，提供了实践的平台。时过境迁，尽管有关"中国古代经济重心南移"这个题目的讨论已接近偃旗息鼓，更多被当作一种常识而非洞见，不过这一主题也提供了更多开放式的问题。那些后起的基本经济区，比如长江流域，既然后来居上，为何没有最初就成为和黄河流域一样的经济中心？这里值得探究之处在于，虽然我们传统上认为，中国的疆域自秦代起就抵达了南中国海沿岸，但长江、珠江流域的实际开发相对较晚。而有关南方基本经济区的研究，恰好可以促使我们打破对华南地区铁板一块的成见，帮助我们重建中国南部疆域扩展的动态过程。

今天，中国经济中心不断南移的进程仍在延续。近代以后，南方沿海的港口都市取代内陆的农业城市，成为中国当今最重要的经济核心区，使这种迁移过程达到了有史以来最显著的程度。华南经济区域的出现给中国历史的发展带来全方位的影响，使人口、产业、交通的分布格局都随之改变。而今，这种随全球化而来的浪潮又将对中国经济版图造成新一轮影响，如冀朝鼎当年预测的那样，"引导着中国的经济和政治向不同的方向发展"。

3. "丝绸之路"到底有多长?*

"金羊毛"传说

现在读刘迎胜先生的《丝绸之路》颇为应景,道理我们都懂。刘先生是蒙元史大家,对中西交通史方面的资料、叙述掌握得炉火纯青,使这部分为上下两篇("草原丝绸之路""海上丝绸之路")的作品内容极为丰富,至少在资料容量方面远胜市面上一时间涌现的大部分同题材作品。

---

* 本文为刘迎胜所著《丝绸之路》一书评论,后因故未刊发。

比如他跃出了李希霍芬晚近的"丝绸之路"的叙述,将这条丝绸之旅大胆地延伸到了古罗马时代,引用了罗马帝国时代作家老普林尼在《自然史》中的叙述:赛里斯人(丝国人)"以他们森林里所产的羊毛而名震遐迩。他们向树木喷水而冲刷下树叶上的白色绒毛,然后再由他们的妻室来完成纺线和织布这两道工序"。在这段引文中,作者没有被"森林里所产的羊毛"这个表面的故事所迷惑,从"树叶上的白色绒毛……完成纺线和织布"这些重要步序中慧眼独具地认识到,这就是老普林尼时代古罗马人心中想象的丝绸的由来。

这不禁让我想起西方古典时代最著名的两部史诗之一 ——《阿尔戈英雄纪》中最核心的情节:希腊神话英雄伊阿宋,前往黑海东岸南高加索古国科尔基斯(Colchis)盗取"金羊毛"的故事。史诗中详细描述了伊阿宋"把金羊毛从橡树上取下"时,"那块宽大的金羊毛"在他眼前呈现的模样:"羊毛发出的闪闪金光就像火焰一般……它就像一岁公牛或猎人称为'短角鹿'的公鹿的毛皮一样大,上面的羊毛也非常厚重"。如果说幼年公牛或公鹿的毛皮形容了"金羊毛"柔软的质感,那么"金羊毛像宙斯的闪电一样光芒四射","发出了耀眼的光"就充分体现了"金羊毛"独一无二的光泽。

通过对比,可以非常负责任地说,《阿尔戈英雄纪》中伊阿宋前往黑海东岸盗取的"金羊毛"就是传说中的"丝绸"。从认知人类学的角度可知,古典时代的希腊人并没有"丝绸"或类似(光泽、柔软)的织物,只能用他们熟悉的事物之名赋予这种新的事物:金(耀眼的光泽)、羊毛(像幼兽的毛皮一样柔软、弹性)。于是,就有了"金羊毛"这种传说中的神奇之物。

站在欧亚大陆的东部,中国学界通常将"丝绸之路"与汉武帝时的张骞通西域（公元前 2 世纪）联系起来，而刘先生则从波斯帝国的角度略略带过了一条公元前 3000 年便已存在的"天青石之路"，认为"中亚通往西亚的民间商路早已存在"。再加上从《阿尔戈英雄纪》中推断出欧洲居民最早接触到丝绸的时间，这条"丝绸之路"至少可以追溯到"荷马史诗"之前的神话时代。那么"'丝绸之路'到底有多长？"这两个问题，就可以作为检验任意一本"丝绸之路"研究著作价值的试金石。

丝路的两个问题

"'丝路'到底有多长？"这是两个问题。这个问题可以分别从时间和空间两方面来理解。时间上，究竟是两千年，还是五千年，长短差异极大。空间上，这条路线到底是怎样的，是从北方草原，还是从欧亚大陆腹地算起，路程差之千里。那么要理解"丝绸之路"，必须从这两个问题出发。

这两个问题的提出与李希霍芬、斯坦因等 19 世纪欧洲探险家有关。这些探险家相继完成了对欧亚大陆腹地的探索之旅，可以说是 19 世纪人类地理探索的壮举。借助短期内穿越大陆的体验，斯坦因们有机会用"丝绸之路"来描述一些欧亚大陆早已存在的路径。虽然未能解决那两个有关"丝路"的问题，但他们开创了一种把欧亚大陆当作一个整体来思考的模型。而这是之前人们没有机会，也没有条件展开的全新思路。

　　这个全新的模型框架,对传统上有关中国(东亚)历史的研究,便产生了巨大的推动。在以往研究中,中国古代墓葬遗址中出土的大量非本地物质产品,各类散布于欧亚大陆上的古代宗教在中国的传播,以及历史上大量异域人士迁移来华的记载,都只能凭借史料讨论其入华之后的景况,很难对其源头综述一二。而今在"丝路"这一框架之下,便能把个中的来龙去脉理得清晰一些。

　　由此来看刘先生这部作品,就是立于东亚之外,从更高处俯瞰古代中国的一种尝试。比如,他谈到 1955 年,西安土门村附近发现的唐苏谅马氏墓志。这和《新唐书》等文献所载,阿拉伯帝国攻陷萨珊波斯后,卑路支王子家族流亡中国一事互为鉴证。在讨论"西亚宗教入华"一节时,书中也饶有兴味地讨论了开封犹太人教团的消失,最后融入回族的故事。"明代后期与清代前期采取锁国政策,开封犹太人与中国境外的犹太人断绝了联系,掌教后继无人,而国内犹太人数量太少,不能形成很多有持续生存力的犹太社团",遂导致了"世界各地犹太人社团得以维持不衰",唯独中国犹太人社区走向消亡的情况。

　　另外,在谈到"中原与草原文化的结合"时,他指出突厥语民族对中国十二生肖纪年的再创造。这种生肖纪年是建立在十天干、十二地支配对,形成六十甲子周期的基础之上。然后发现"天干数减少一半,与地支相配时在 60 年内也不会重复",因为"12 与 5 的最小公倍数也是 60"。于是简化了天干 - 地支纪年方式,"分别以五行的名称金、木、水、火、土代表之",形成了火羊年、土兔年等独特的"突厥历"形式。这让我想起许多年前,看《蒙古秘史》时遇到的相同的蒙古纪年法,顿觉豁然开朗。

　　然而,读罢此书,我们会发现,"用'丝绸之路'的视野来理解古代中国"和"对'丝绸之路'本身的认识"之间,还是存在着很大的不同。无论是了解了卑路支王子或犹太教、聂斯托利教团入华，还是采用了五行和生肖纪年结合的"突厥历"，都只是与"丝绸之路"有关的表征，而非其本身。换句话说，这有助于我们认识古代中国与世界的文化传播，但对其中的路径和脉络却依然无解。

丝路的两个解答

　　我们可以省视一下前辈学者留下的学术遗产。首先，从欧亚大陆东部看到丝绸的生产，到大陆西部见证作为奢侈品的丝绸的使用，继而推测这条贯穿欧亚之路的存在。其次，借助这种更整体的视野来解读中国古典时代留下的，东亚之外物质、文化产物。这是我们今天看到的研究"丝路"的两种主要路径。但无论哪一种思路，事实上都未能揭示"丝路"本身的内涵。

　　其中的重要原因在于，第一，我们观察到的往往是物质（丝绸）、文化（宗教）在内的传播，却忽视了这些人类产物背后的载体——人类的迁移。第二，文献记载的，见证了"丝绸之路"的古今旅行者，比如玄奘、马可·波罗、郑和，或者是斯坦因等人，都不是真正意义上的"丝路"旅客。他们背负宗教、政治，甚至科学使命，唯独没有承担这条路径上最本质的"物质传递"（商业）任务，所以，他们留给我们的有关"丝路"的观察印象——"丝绸之路"是一条贯通欧亚大陆东西方向的"纵贯线"——很可能是片面,且有误导的。

从 20 世纪初英国作者包罗杰的《阿古柏伯克传》等文献可以观察到,来自东方的货物在抵达喀什地区后,汉族商人就不再继续西行,货物就接着由来自费尔干纳的浩罕商人接手,继续向西传递。这些物品一般取道环绕伊朗高原转运后,再由黑海南岸经安纳托利亚高原的土耳其商人贩运至地中海东岸,进入广义的欧洲市场。(这时,我们或许可以理解"阿戈尔号"上的希腊英雄们,为何要前往黑海南岸盗取传说中的"金羊毛"了。)由此可见,"丝绸之路"并不是一条平坦的曲线,比如说,不是由中国商人或波斯商人独力完成全部运输任务的商路,而是一条多段首尾衔接路线的总和,沿线各地的人群都参与到了这些物品传递的旅程中来。也就是说,包括刘先生同名作品在内的以往的"丝绸之路"研究,都未能跃出中国本身的视域,看待这条欧亚大陆腹地的大动脉,并揭示其中的运行方式。

如果我们把这种欧亚大陆腹地区域之间的连接关系,用示意图(参见拙作《四夷居中国:东亚大陆人类简史》,第 312 页)的形式表现出来,就可以发现一个全新的"丝绸之路"的脉络:在一个地理区域内,物质传递的矢量方向是固定的。比如,从(包括河西走廊在内)蒙古高原进入哈萨克草原后,物品传输的路线会沿着里海东岸进入伊朗高原,从伊朗高原南部进入两河平原,最后来到地中海东岸。

那么,我们从中或许就解开了"丝绸之路有多长"的第一问。"丝绸之路"并不是一条连续的路线,而是许多个"区域流动网络"的集合体。人类在某个区域中(遵循固定轨迹)的活动,带动了包括丝绸在内物质产品的流动;当人们迁移到相邻区域的衔接位置时,人口所携带的文化和物质产品都发生移动,"丝绸"或宗教,就发生了新一轮循环流动,直到下一个衔接位置。所以，关于这个问题的答案就是，我们无法计算作为路线的"丝绸之路"的具体长度，但可以根据其中经过的具体区域，统计其经过的范围。

回答了第一个问题，"丝绸之路"带给我们的第二个问题，也就可以顺利解答了。鉴于"丝绸之路"其实是人类迁移的部分结果，而非原因，我们可以大胆推测，后来用于传递丝绸、农作物品种，以及各种文化特征的欧亚腹地的路径，早在文献记载的"张骞通西域"，乃至"伊阿宋盗取金羊毛"之前数万年即已存在。

从中，我们可以发现，"丝绸之路"所代表的人类物质产品在欧亚大陆几大区域中的传递路线，与人类从非洲启程向世界各地迁移的路线其实无二（示意图参见拙作《四夷居中国：东亚大陆人类简史》，第 321 页）。那么，我们可以非常自信地认为，这些路径从远古人类（甚至不夸张地说，包括其他生物物种）迈出离开非洲的第一步前，便早已存在。换句话说，当代东亚人群的祖先也是沿着这些既有的路线，翻越帕米尔高原等中亚山脊，循循东进的。无论是张骞还是匈奴人，希腊人伊阿宋还是马其顿人亚历山大大帝，都只是这条路线的追随者，而非路线的发现者。执着于谁是这些通道的最早使用者并无太大意义。

丝路远景

借助刘迎胜先生的作品，我们重新解读了围绕"丝绸之路"已有的研究。可以发现前人在指出这条路径的同时，并没能对其在空间和时间两个维度展开深入讨论，而更多将其作为解释中国古代历史的一个巨大背景资料。那么当我们将这两个维度结合到已有的"丝路"研究的成果中，就会发现"'丝绸之路'到底有多长"这个问题的答案。

"丝绸之路"在丝绸尚未发明之前便早已存在，这些路径对欧亚大陆某个具体地理单元中，人群的迁移造成了深远的影响。把刘先生这本以明清时期"欧洲人东来"作为结尾的作品稍稍延伸，我们会发现，19 世纪以后，随着海路远洋运输的发达，建立起"欧洲—美洲—东亚"的全球贸易新路线，打破了原先"东亚—中（西）亚—欧洲"的传统路线。伴随着贸易流量下降的，是整个传统"丝路"经济带的停滞化、贫困化。在这一背景之下，原本开放、外向的商路沿线社区陷于保守、衰退，与之相伴随的，则是各种极端主义的消极回应。

那么从更长远来看，通过"一带一路"重新推动古老"丝绸之路"的运转，除了对中国本身的经济价值外，对传统欧亚大陆腹地人群的社会、文化、经济状况的改善和复兴，或许也是一个值得期待的远景。

外二篇　丝绸之路的历史比你想象的更久远[*]

　　西方文献中，有关"丝绸"的记录，首推两千多年前罗马作家老普林尼的《自然史》。在这本又被译作《博物志》的三十七卷巨著中，老普林尼在第六卷第二十章里提到了"赛里斯人"，排在这章之前的是著名的斯基泰人及作者眼中的"东洋诸国"，这章之后是印度人，那么赛里斯人的地理位置大致可以想象。

　　书里对赛里斯人的描写是这样的："这一民族以他们森林里所产的羊毛而名震遐迩。他们向树木喷水而冲刷下树叶上的白色绒毛，然后再由他们的妻室来完成纺线和织布这两道工序。由于在遥远的地区有人完成了如此复杂的劳动，罗马的贵妇人们才能够穿上透明

* 本文原刊于《腾讯·大家》栏目（2015 年 10 月 24 日刊）。

的衣衫而出现于大庭广众之中。"

这些老普林尼记录下的赛里斯人"身材超过了一般常人,长着红头发,蓝眼睛,声音粗犷,不轻易与外来人交谈",让我们很难将他们与盛产丝绸的国民联系起来。此外,"森林里所产的羊毛"以及"向树木喷水而冲刷下树叶上的白色绒毛",让我们对这种布料的特征深感困惑。但是,这些面料的确做成了罗马贵妇人穿在身上的"透明的衣衫",最终让后来的研究者非常肯定地认为,这种"树上的羊毛"所织成的布料就是我们熟知的"丝绸"。

树上的羊毛,为什么就是丝绸呢?这涉及一个认知语言学的问题,因为罗马人的生活中既没有蚕也没有桑树,根本无法想象是蚕宝宝吐出的丝蛋白纤维变成了这种布料的原料,他们所能想到最光滑的面料就是羊毛织成的布料。然而,他们又似乎隐约知道这种原料不是出在羊身上,而是和树木有关。于是便把生活中已知的"树"和最光滑的织物"羊毛"结合起来,创造性地发明了一个新词儿"树上的羊毛"来指代"丝绸"这种新出现的事物。

类似的还有,据说 19 世纪的传教士向因纽特人传播基督教时,为了让因纽特人理解信徒与耶稣的关系是"耶和华的绵羊",仿佛牧人与绵羊之间的顺从关系,煞费苦心。因为极地生活的人们从来没见过绵羊是什么,于是传教士借用因纽特人生活中常见的海豹,创造了一个新词"耶和华的海豹",不料适得其反,当地人纷纷离去,对传教士避而远之。传教士大感不解,后来才弄明白,海豹其实是因纽特人日常捕猎的主要野生食物,而非绵羊一般顺从的驯养动物。上帝若真像对待海豹一样对待信徒,当然会让因纽特人心惊胆战。所以,新词的发明固然不能脱离日常生活,但也不能太过佶聱。比如,这个"树上的羊毛"最终也没有流传下来,没有取代

"丝绸"这个正宗原版的名称。

　　话说回来，"树上的羊毛"毕竟从此留下了公认的西方古典世界中有关丝绸的最早记录，不仅如此，还给我们提供了一条非常有趣的考古途径。

丝般柔顺的"金羊毛"

　　我们以"树上的羊毛"作为检索关键词，输入西方古典学的宝库，却意外地弹出了另一部经典著作，西方古典时代最著名的两部史诗之一《阿尔戈英雄纪》。虽然没有《荷马史诗》更为我们所知，但"阿尔戈英雄"们的故事，却比奥德赛更富进取精神。

　　四卷本的《阿尔戈英雄纪》讲述了古希腊英雄伊阿宋在黑海沿岸冒险的故事。伊阿宋的伯父向他许诺，当前者从黑海地区异邦人的国度取回一种传说中的"金羊毛"后，他就将王位让给侄子。然而，伯父其实是想借艰难的旅程和异邦人之手除去侄儿，这是第一卷。

　　伊阿宋召集齐希腊各地的50名英雄，比《荷马史诗·伊利亚特》更加赫赫有名的队伍，乘坐了"阿尔戈号"战船，历经千难万险终于来到了黑海东岸斯奇提亚的埃亚城，这是第二卷的内容。有意思的是，"黑海东岸斯奇提亚"在其他古典文本中，还可以译成斯基泰。

第三卷里，希腊女神们让埃亚城国王之女美狄亚爱上了伊阿宋，将获取金羊毛的关键步骤教授给了他：打败喷火公牛，击倒龙牙武士，让毒龙昏睡。

第四卷非常生动地描述了伊阿宋获取金羊毛的情景，远远看去，"那棵挂着金羊毛的巨大橡树""就像一块乌云，被初升的日头的刺眼光芒照得通红"。等到他"把金羊毛从橡树上取下"时，"那块宽大的金羊毛"在他眼前呈现的模样是："羊毛发出的闪闪金光就像火焰一般，把他的脸颊和额头映得通红，它就像一岁公牛或猎人称为'短角鹿'的公鹿的毛皮一样大，上面的羊毛也非常厚重。伊阿宋向回走的时候，路过的地面都发出了耀眼的光。他先把它搭在左肩，它从他的脖颈一直垂到脚尖，随后，他又把它卷起来拿在手中，唯恐遇到他的人或神会把它抢走。"

等伊阿宋回到船上，《阿尔戈英雄纪》的作者阿波罗尼俄斯还不忘再强调一下金羊毛的光泽，其他的希腊英雄也看到了"金羊毛像宙斯的闪电一样光芒四射，年轻人们都惊叹不已。每个人都很想把它拿在手中摸一摸"。

我们关注的重点，不是伊阿宋最后回到希腊城邦，却没有拿回王位，还因为和美狄亚的婚变，让作家欧里庇得斯写下希腊悲剧《美狄亚》的事情。我们要关心"金羊毛"。

很有意思的是，按照希腊神话，伊阿宋的金羊毛的确是一只名叫克律索马罗斯的金色公羊的毛，但是它除了"耀眼的光泽"（金）和幼兽的毛皮一样柔软、弹性（羊毛）这些属性之外，还有更重要的一点，它也长在树上。再加上伊阿宋携带它的轻便方式，"把它搭在左肩，它从他的脖颈一直垂到脚尖，随后，他又把它卷起来拿在手中"，不由得让我们想起一句话：丝般柔顺。

更加久远的道路

到这里，我们似乎可以比较一下老普林尼和阿波罗尼俄斯之间惊人的相似。其实《自然史》中的赛里斯人并没有一种叫"丝绸"的织物，他们只是从树叶上获得了羊毛，而且老普林尼还没有描绘这种羊毛的光泽，只提到了它可以织成"透明的衣衫"的质感。此外，他在《自然史》的十二卷和十四卷中又再次提到了赛里斯国的"羊毛树"，以及三十四卷中，赛里斯国出色的"出口服装"。这不妨碍我们认为这就是丝绸。

进一步设想，《阿尔戈英雄纪》中，有着耀眼光泽、柔顺、弹性以及轻便，并且同样来自树上的"金羊毛"到底是什么？

其实，考古发掘证据表明，"金羊毛"所在的黑海东岸自青铜时代以来，就有大量具有希腊化风格的物品出土，从希腊的爱琴海穿越达达尼尔海峡、博斯普鲁斯海峡，前往黑海沿岸的航路从史前至今一直延续。文明史以来，比较有代表性的则是拜占庭与基辅罗斯等公国的小麦贸易。而今，俄罗斯的黑海舰队对地中海东岸诸国保持威慑力量的快速反应，同样离不开这条古老的航道。

那么，我们或许可以酝酿一个更富有想象力的想法。在荷马时代之前的几个世纪，希腊英雄们就已经听说了一种无与伦比的服装面料的传说，看到甚至仅仅听闻过的人都知道，这种来自东岸的服装原料，具有珍珠般的光泽，柔软而弹性，轻盈又透明。更神奇的是，它居然长在一棵树上，他们甚至不知道它的名称。长在橡树上的"金羊毛"，是他们能想出来的最贴切的名字。为了获得这种面料，善于驾船的希腊人建造了一艘巨人般的"阿尔戈号"，招募了五十名英雄水手。在放逐的王子伊阿宋的带领下，他们的目标是获得这种传说中的"金羊毛"。

　　几十个世纪过去了，人们还记得那个关于橡树上被巨龙看守的"金羊毛"传说，只是不再能想起这金羊毛到底是什么了。而这个传说发生的时间，不但比古罗马人老普林尼的记录早了许多，也远远早于奥德修斯和阿伽门农的时代。或许是我们已知最早的，关于"丝绸"的记录。这是不是表明，那条传递"树上的羊毛"的道路，要比我们认识得更加久远？

4. 丝绸之路，有何新论？ *

　　"丝绸之路"这个议题自李希霍芬在 19 世纪提出后，已有百多年历史，人们围绕这个主题，也做出了众多研究。同时，对西方古典学的研究也从另一个侧面证明了，这条横跨欧亚的物质、人力交流路线古已有之，由来已久。

　　这些观点已经得到学术界的普遍认同，并基本上塑造了"丝路"研究的主要领域。这在为我们敷设了知识轨迹的同时，也为后来者的探索设置了一些阻碍：在这些已有的认识中，如何获得一些新的观点？耶鲁大学汉学家芮乐伟·韩森决定迎难而上，勇挑重

＊　本文为芮乐伟·韩森所著《丝绸之路新史》一书评论，原文发表于《南方都市报·阅读周刊》（2015 年 11 月 29 日刊）。

担，在《丝绸之路新史》中开宗明义地将"新"字作为她这部新作的关键词。

在《丝绸之路新史》中，韩森旅行的顺序分别是楼兰、库车（龟兹）、吐鲁番（高昌）、撒马尔罕、长安、敦煌以及于田（于阗）。不像以往力图呈现"路线"的研究，作者将重点放在了"点"上。尽管对这几个地点的安排顺序有些令人费解，并没有呈现某种连续性，但正如作者在序言里引用的一则案例所呈现的那样，韩森的确表明了一个与以往不同的新的切入点：丝绸之路是否如李希霍芬所表示的那样，是一条古已有之的贸易之路？

这个序言中的个案非常有代表性地传递了全书的主题。在一片来自吐鲁番墓葬出土的冥衣中，发现了一张唐代胡商的状纸。状纸的主人向官府起诉其亡兄的中国合伙人，因为在其兄去世前曾向那位合伙人借出了 275 匹丝绢。而他的目的则是希望官府能授权继承其兄的债权。非常明显，本书非常有趣的重点在于，它没有像以往作品那样接受"丝路"这一既定的概念，然后大谈这条"丝路"上发生的种种文化交流痕迹，而是试图寻找"丝绸之路"名副其实的证据，即"丝绸"在这条道路上运行的明确痕迹。她的证据包括"契约、诉讼、收据、货单、药方"，甚至"人口买卖合同"，不论这些证据是用汉语、梵语还是粟特语写成的。

对于关心结论的读者，我们可以先剧透一下，作者经过对上述七个"丝路"站点的考察，得出了令人感慨的结论。虽然"每一处丝路遗址中……贸易都存在，但规模有限。年代在三四世纪的尼亚佉卢文书有近千件，只有一件提到了'商人'"。"本书中的很多材料证明丝路贸易常常限于当地且规模不大……难以否认的是，并没有大量证据支持丝路上曾出现繁荣的大规模贸易。"而这些贸易中自然也包括"丝绸"。

　　《丝绸之路新史》一方面证实了欧亚大陆古代人口、物质流动"路线"的存在，这其中包括宗教、技术、农作物，甚至以"玉石"为代表的奢侈品；但另一方面，也提到并没出现围绕"丝绸"展开的大规模贸易活动。这部《丝绸之路新史》恰以非常反讽的方式，向我们提供了一个"新"的视角。

　　然而，作者又非常有意思地提供了另外一个有趣之处。韩森发现，"罗马人从未用金币直接购买中国丝绸"，因为中国能找到的罗马金币都相对较晚。同样，在西方也很少能找到中国的铜钱。她还注意到在汉朝和唐朝，"丝绸便有了另一种重要的功能，很多西北地区的军饷是丝绸"。也就是说，丝绸的确存在于丝路沿线的众多地区。她一面承认了丝绸在欧亚大陆腹地从东向西的广泛存在，另一面指出其中又没有值得注意的贸易记录，这的确有些无法自圆其说了。

　　因此，当我们调用一些书中没有提及的知识，给她的丝路考察提供更大的背景时，才能解开两者的矛盾之处。事实上，在唐宋之际，在整个中国西北地区的"茶马贸易"兴起之前，便已有了著名的"绢马贸易"。唐代诗人白居易在《阴山道》一诗中曾经这样写道："五十匹缣易一匹，缣去马来无了日。……元和二年下新敕，内出金帛酬马直。"讲的就是回鹘和唐朝之间发生的丝绸换马交易。回到韩森在序言中引用的胡商状纸的案子，它也同样表明，"素绢，即未染色的平纹丝绸，在唐朝和铜钱一样用作货币"。从这段叙述中，我们发现，丝绸除了是被人购买的服装原料外，又多了一层支付功能。

　　现在，我们终于可以从韩森提供的所有素材中发现一些她所没有发掘的"新史"。围绕丝绸展开的大宗贸易的确没有显而易见的文献记录，诚如她通过大量的文书资料发掘的那样，历史上并没有发生过西方人用许多金币来购买丝绸的贸易活动，中国境内自然也就没有留下能记录这些买卖的金币或者文献档案。因为，对于中国而言，丝绸本身不仅是商品，而且还是货币。正是这样一种将丝绸视为购买对象的刻板观念，阻碍了她对"丝绸之路"的"新"发现。

站在中国的角度，丝绸其实就是货币（尽管表面上看起来非常像"实物税"），不但可以用来支付戍卒的军饷，还可以用来支付购买马匹等大宗商品的支出。借助这种新思路，我们重新省视韩森所描绘的"没有丝绸的丝绸之路"时就会发现，中国用丝绸购买回鹘、党项等草原部落提供的畜牧产品，而草原人群则沿着天山等大陆腹地的地理通道，将这些丝绸向西转换成从里海到地中海的服装原料。这很难被韩森所考察的绿洲贸易点所记录。正是在这一过程中，丝绸实现了从货币向商品的转变，开玩笑地说，西方人只是把中国古人的货币穿在了身上。而这样一种全新的观点，也解释了在"丝路"的东端常能发现罗马、拜占庭金币，而在西方很少出土中国铜钱的原因，因为丝绸本身就是丝路通行的货币，不过长期以来被我们视而不见罢了。

完成了"丝绸是用来支付，而非被人购买"的视角转换，终于可以为我们对丝路的认识提供新的维度了。丝绸并不仅仅是我们想象中那么简单的一种亮闪闪的昂贵服装原料，它在历史的很长时间里，还承担着重要的货币功能，而且正是以这种独特的形式在欧亚大陆间流动，为中国购买了马匹或其他西域的物质产品，而这种功能在长期以来可能都被我们忽视了。从另一个角度来说，这或许就是韩森教授本应揭开但未能揭示的"丝路新论"。

5. 我们需要"人类史"*

世界 VS 地方

前不久听了一场研讨会，会议是关于山、陕、内蒙古交界某地大型周代诸侯墓地出土器物的讨论。盛大的研讨会群贤毕集，不过，如我所料，会场上所有的观点最后照例分裂成两个阵营：一派争论这些拥有部分西周特征青铜器和大量人工"红玛瑙"制品的文化体现了周文化向周边扩散的趋势，而另一方则认为周文化的建立

---

* 本文为贾雷德·戴蒙德所著《第三种黑猩猩》一书评论，后因故未刊发。

者与这些物质文化遗存的拥有者在文化上具有某种程度的继承关系。这小小的两个对垒阵营，简言之，其实浓缩了中国所有现代问题的历史根基——我们的文化究竟是源自"世界"的，还是自我发生的。（这个问题的现代版本可能是：我们是该保持一种独立世界潮流之外的文化方式，还是努力成为世界的一部分？）

这个问题背后的逻辑是：如果我们的文化与历史进程自周代乃至更久远的年代起（比如远自旧石器时代）就通过地理上的连续区域，和世界其他部分保持了非常紧密的联系，那么今天仅仅出于民族主义的文化中心主义就不能把我们的"当下"孤立于世界之外。

回到西周古墓的问题上，关于同样的现象就有两种差别微小但截然不同的表述：这些包括大量人工"红玛瑙"在内的物质文化产品，究竟表明了绵亘整个欧亚大陆的草原文化向东亚农耕文化的过渡，还是东亚农耕文化向草原的扩张？讨论者各抒己见，其中不乏精彩言论。尽管一位英国学者当场指出，这些散布整个草原边缘文明的人工"玛瑙珠"的加工地点，业已在北印度某地发现，而青铜器的风格与中亚、北亚众多遗址发掘的遗存相近，但许多学者依然执着于纹饰和华夏礼制的讨论，最后没有达成任何共识——如我所料。

分子人类学研究已经准确地告诉我们现代人类起源与非洲的关系，甚至为人类抵达世界主要地区的时间绘制了明确的时间表，但出于各种原因（其中包括一种"民族主义"情绪），这份时间表在进入文明史阶段之后就戛然而止，原先相互联系的人类祖先们突然变成了一个个孤立的文明中心，独自发展出各自的文明。那些在数万年乃至数十万年前彼此联系的智人的世界，在不足万年的新石器时代末期至今非但没有更密切的往来，却变得彼此隔离，岂非咄咄怪事? 分子人类学家和文明研究者之间仿佛存在一条不可逾越的黑暗地带，假装不知道对方的存在，进行着结论正好相反的研究。

幸好，一位获得麦克阿瑟奖金的胆囊研究兼鸟类观察者决定不再对此装聋作哑，这位人类文明的探究者贾雷德·戴蒙德院士，便以《第三种黑猩猩》一书，开始了他的"人类大历史三部曲"（此前，他更为中文世界所知的是第二本《枪炮、病菌与钢铁》）。

谁是"第三种黑猩猩"?

在人类的历史上，如果从源头算起，猩猩是人类的近亲，在其中先撇去亲缘最远的红毛猩猩，再分离出体形巨硕的大猩猩后，还剩下黑猩猩一属。近来有科学家认为，还能从黑猩猩中划分出倭黑猩猩（现称为波诺波猿）一支，那么在基因上与人类最近的就是黑猩猩与倭黑猩猩（人类与两种黑猩猩的遗传距离为 1.6%，与黑猩猩之间的为 0.7%。）。如果黑猩猩有动物分类学的话，他（她）们或许会把人类算作第三种黑猩猩——这就是本书书名的由来。

当人类的祖先与另两种近亲在百万年前走上不同的进化之路时，许多因素在其中起到了作用，包括性行为在内的性选择机制，从生物性方面彻底改变了人类与黑猩猩的进化方向。这些变化因素不仅影响了三种黑猩猩的进化历程，也影响了现代人类的不同生物特征。雷蒙德认为：人类体表特征的地理差异，主要是"性的选择"造成的，也就是我们择偶过程的结果。

这些性选择与环境变化过程一道构成了包括人类在内所有生物的"自然选择"过程。当生物体在一种环境中产生的环境性适应，以独特的基因形式遗传到子代时，变异——独特的性征（或新的物种）——就产生了。

"（三种）黑猩猩"以外的其他物种需要通过生物性适应来面对自然环境的变化，比如食蚁兽需要演化出长嘴和长舌头，外加巨大的前爪才成为效率颇高的蚂蚁食用者。黑猩猩同样爱好蚂蚁提供的蛋白质资源，却不需要让自己的嘴和舌头变成食蚁兽那样，它们可以用树枝伸入蚁穴，吸引白蚁缘杆而上，享用美味的白蚁。这种曾被马克思等早期学者高度赞誉的从动物向人的进步——劳动——其实就是人类学意义上的"文化"。

包括大猩猩和红毛猩猩在内的各种人类的近亲都发展出了某种程度的"文化"，比如建立在声音符号基础上的协作方式和简单的工具，但只有"第三种猩猩"发展出真正的"文化"。相比通过数万年乃至数百万年进化出生物性方式，被动地适应环境的变化，人类的文化适应方式显然要迅速、高效得多。是"文化"使史前人类在从终年温暖的低纬度热带向高纬度地区移动时，不需要进化出厚厚的皮下脂肪或覆盖全身的毛发，而只需要借助植物（纤维织物）或动物（兽皮或兽毛）加工产品。

而随着第三种猩猩涉足环境的差异变化，人类就产生了不同的环境适应方式。换言之，我们没有因为自然环境的不同演化成不同的物种（尽管存在肤色、毛发，乃至红细胞形状之类的区域性差异），但因为所处环境的差异，演变出不同的文化。这些不同的文化往往和某种文化实践者的生计类型密切相关——所谓生计类型，实际上可以表述为，与某一环境类型对应的食物生产方式。这种食物生产方式与"文化"的关联程度极高，甚至于可以指代某种文化类型，其中最为我们所知的莫过于农耕文化、游牧文化，相对不太知名的，则有狩猎－采集文化、游耕文化。正如戴蒙德所言，"农业兴起（包括畜养家畜）的确是个里程碑"，而围绕农耕文化产生的"社会、性别的不平等，以及疾病与独裁暴政，也随农业出现在人类史上"。

因此在讨论完人类与另两种黑猩猩之间形成 1.6% 遗传距离的进化原因后，戴蒙德以几乎后半本书的篇幅，讲述了"文化"——对不同生态类型的环境性适应——是如何塑造了人类文明的互动，为我们展现了一部人类史的雏形。

生态与文化背景下的人类史

从环境适应的角度来说，游牧文化（畜牧生计类型）只是对草原、高原草甸环境的适应，为了满足蓄养动物和植物供应的平衡，人们选择了游动的生活，同时为了改进这种生活方式的适应性做出了各种调整。这从狗、羊、牛、马、骆驼等动物的驯化顺序中可以发现。狗为早期狩猎采集人群提供了有力的帮助，羊、牛可以为人类提供食物（乳）和保暖（毛），而马的驯化极大地拓展了人类移动范围和速度，将游牧生活的优势在之后的数千年中发挥到了极致，骆驼的负重最后提高了人类对文化的"负载"能力。这每一种动物的驯化最初都是人们对环境适应的结果，随着新物种的驯化，当地人群的适应性就得到很大程度的增强。但这种适应性在采用相同文化的人群之间不具备任何优势，只是一种适应环境的"文化"。

然而，当这种文化与农耕文化发生接触后，那种围绕游牧生计类型形成的文化特征——不定居、移动性强、不过分依赖植物性食物、马匹数量的充裕等——就非常容易显现出来。当然，通过与另一种文化的对比，农耕文化的环境适应性特征同样明显：大量食物、充裕的人口，以及由此而来的丰富剩余物质产品、集权制等级体系等。这构成两种生计类型之间恒久的互动，因为气候带决定的生态生计 – 生态极限始终成为两种文化相互砥砺却依然界限分明的原因。但相对晚近的时代以后，农业定居文化在资源开发上的优势逐渐明显，以此为基础的国家主义，正有可能在现代化的指挥棒下，侵占其他文化的生态空间。而戴蒙德已经提醒我们，狩猎采集与游耕文化已经率先成为国家（农耕文化）整合的对象了。

回顾完人类的历程，戴蒙德先生不忘提醒我们农业社会自身隐含的"更大的危机：生态"，而这就是他第三本科普作品的主题了。这本厚达四百多页的著作，为我们展现了宏伟的人类史视角，书中没有将某种文化方式置于人类的核心位置，哪怕作者亲身体验的新几内亚的游耕文化，也与现今人类主流农耕文化具有同等重要的意义。

现在或许可以回到我们最初争论的那个问题，在过去的数万年，乃至数十万年之前，人类不同生计群体之间的互动，共同塑造了人类的历史。农业文化不断用自身丰富的物质产品鼓励游牧人群的互动、发生农业转型，而游牧文化也随之将自身的环境适应性特征，通过那些青铜纹饰与人工玛瑙珠留在了 2500 多年前的那个时空之中，而这一切正是人类文化史给我们留下的"时间胶囊"。

　　戴蒙德先生告诉我们，人类所有文化自其产生之初，就通过地理结构保持了非常密切的联系——哪怕被沙漠、戈壁、雪山、草原分开——那么今天的我们又有什么理由将自己"当下"的文化和社会制度孤立于世界之外呢？

6. 构筑一条"人类史"通途*

一个新问题

　　解开古代中国的来龙去脉，大概是每个人文研究者都会有的愿望，但要如何解开，却是一个不小的挑战。

　　在过去的许多年里，有很多前辈和当代学者都做出了可贵的尝试。比如综合多个学科的"夏商周断代工程"，或是以自然科学研

---

*　本文为拙作《四夷居中国：东亚大陆人类简史》一书推介，原文发表于《解放日报·读书周刊》（2018 年 7 月 7 日刊）。

究为主的"人类基因迁移图谱"项目（东亚部分），都见证了前辈研究者在探索古代中国的道路上，付出的无数心血和岁月。现在这份探索的名单里还要加上耗时 16 年之久的"中华文明探源工程"。

在前不久召开的"中华文明探源工程"成果新闻发布会上，与会专家代表特别指出，中华文明具有"兼容并蓄"的特征。这个特征"不仅表现为黄河流域、长江流域以及西辽河流域各种文明间的联系、交流，而且表现在对外来文明的吸收、借鉴与发展上"。具体来说，就是"由于处在地理位置相对孤立的东亚地区，中华文明的起源、早期形成和发展过程是相对独立的……但在古国时代的晚期，中国文明和其他文明有了接触。源自中亚地区的麦类作物，黄牛、绵羊、山羊等家畜品种，以及青铜冶金技术，在这个时期陆续进入中华文明。而且，其中一部分很快被我们加以改造和提升"。

从"探源工程"这样一个代表中国考古最前沿成果的研究中，我们大致可以明确这样三个信息：第一，中国古代文明大体发源于欧亚大陆东部，也就是东亚这个相对稳定的地理区域；第二，在中国文明诞生的东亚内部，存在不同区域之间的联系、互动和促进，比如说黄河流域、长江流域以及西辽河流域就是其中的代表；第三，东亚文明也不是孤立发展的，它与欧亚大陆其他地区存在着广泛的文化交流。

这个鼓舞人心的成果，让我们对中国文明的起源有了全新的认识，但也随之产生了一个新的问题。这些东亚内部的区域之间，以及东亚与之外的区域，是如何产生联系的，有没有固定的路径，是否存在互动的模式？

许多年里，这样一些问题一直在我脑海中盘桓。在前人铺设的知识道路上，经过多年思索，我决定将自己的思考整理出版，给学术各界提供一些参考线索，对中华文明的来龙去脉贡献一本小书。

两个关键词

这本小书，就是我在过去的几年中渐续打磨的《四夷居中国：东亚大陆人类简史》。书的主旨或许可以从书名的副标题中体现出来，即"东亚大陆"和"人类史"这两个关键词。

在很大程度上，"东亚大陆"等价于历史上的"中国"，但就所指的边界的稳定性而言，前者甚于后者。因为在中国历史上，由于不同朝代的变化，疆域也随之发生过或多或少的变化，因此在空间范围中相对固定的"东亚大陆"就成为本书主题的第一个关键概念。

东亚大陆作为一个具有漫长文献记录传统的区域，在文明史上留下了极为丰富的材料。不过，从考古学和基因研究方面可以获悉，在拥有文字记载的文明史之前，东亚大陆的人类已经在此生息了数万年之久，十多倍于文明史的时间范围。而将东亚大陆文明史之前的"史前"阶段与文明史共同结合为一部"人类史"，便是本书第二个关键词的目标。

如何填平史前史与文明史之间的鸿沟？书中使用的具体策略也隐含在这两个关键词当中。在以往，我们始终认为，无论沧海桑田，人群世代延续。黄河流域、长江流域的人群，可能从上古以来，就在当地生息、繁衍出如今依旧在当地生活的后裔。所以，观念里人群始终是个常量，而自然环境等外部因素似乎成为一种变量。本书则反其道而行之。根据基因研究的新近成果，"现代人类起源于非洲"，在其后的数万年之间迁移到世界各地，其中自然也包括东亚。古代人类的移动性与多元性可能要超过我们的想象。

《四夷居中国》一书的核心，就是将人群本身视作一种变量，相比而言，东亚大陆更加稳定的地理构造、地质通道就转而成了常量。简单来说，如果我们证实了，今天长江下游人群前往黄河流域途经的高铁路线，和明清时期两地来往的邮传路线大致吻合，又与唐宋时期的车马商路基本相仿，甚至与秦汉时期的"五尺道"的大方向不谋而合，我们是不是就能假定，更早时期沟通长江流域文明与黄河文明的古人，同样采用了相仿的路线？

所以，在本书中，我们会把注意力放在东亚大陆不同区域间的联系及路径上，更多去讨论东亚各主要区域之间人群的移动、文化交流和物质交换。并且遵循这样一种思路："较晚近人类活动在很大程度上是较早期人类活动在空间上的重现——都经过了相同的路径，都受到类似环境因素的影响。"这样我们就能从相关记录较为丰富的中晚近人群互动故事开始，渐渐向着历史深处、文献记载相对较少的夏、商、周三代，以及史前时代迈进，在本书的最终篇章中，顺利完成东亚大陆文明史与史前阶段的对接。

特殊的叙事

为了兼顾理论论证和文史研究这两方面的需求，本书采用了一种比较特殊的叙述方式。

书中除第七章以外的每一章节，都分为引言和正文两个部分，引言选取时间上相对较晚（通常为人们熟知），且与正文所述相似的人群互动"故事"，通过分析，引出正文将要讨论的主题。这种可以说脱胎、化简于明清拟话本小说的叙事结构，在帮助我们更轻松解读文献的同时，也有意识地拓宽了正文部分有限的时间跨度，为第七章的总结部分提供更丰富的人群迁移数据。

本书既以人类史作为目标，势必要尽可能地涉及中国五千年历史。为了覆盖如此广大区间，书中尽量将引言和正文的时间阶段分错开列，以便从较晚的完整叙述中，窥见早期互动中不容易注意到的结构性因素。

具体来说，秦始皇会以"向导"的身份，在第一章中带领我们完成对东亚大陆地理构造和人文类型的探索。第二章里，藏地天堂的赞普将同吴、越的国王们一道"指点"我们走进文献背后的密径。第三章聚焦的对象分别是杨家将的原型和《穆天子传》的主角，一种有趣的动物使他们最终走到了一起。第四章中，我们会看到人参为满洲崛起提供的奇妙动力，而周王和他们的姜氏妻族则要在《诗经》中一同歌颂他们实现的社会变迁历程。孟姜女在第五章会为秦始皇洗脱因修筑长城所蒙受的千古罪责，而汉武帝的后人们却未能继承刘彻在《轮台罪己诏》中的深刻反省，为王莽的"表演"铺好了舞台。王宝钏和薛平贵的故事或许将构成本书篇幅最长的一段引言，但这篇与众不同的"戏考"将连同第六章正文中班氏祖孙的事迹一起，帮助我们深刻体会到生产 - 消费关系在农业定居社会中所起到的无与伦比的作用。

这一叙述方式，可以说也兼顾了理论和文献的平衡。本书从第二章开始至第四章，每章既是呈现了一段先秦时期的人群迁移、互动过程，事实上也是用一段篇幅阐述一个"中层理论"，分别在从简单到多元的不同层次上，阐述人类包括迁移在内文化互动的各个维度。而第五、第六章则是通过对这三个理论的综合运用，全面呈现东亚大陆人类迁移的内部机制。

在内容方面，每一章既是全书整体的一部分，又拥有完整的独立结构。第二章至第四章将以逆序的形式重建春秋、战国以及西周（晚商）时段里东亚大陆不同局部的人群互动，第五、第六章则以秦、汉续接战国，完成对东亚大陆早期人类迁移过程的叙述，并以此为基础在第七章的总结部分继续"上下而求索"，解开我们对上古中国由来已久的困惑。

有趣的发现

虽然书中所有的结论，要在翻完书末最后一篇附录后才能全部揭晓，但其中一些有趣的发现，值得和各位读者朋友提前分享。

首先，正如本书的主标题所言，分散在东亚中央王朝周边的"四夷"并不是前者的对立面，他们在机会合适的情况下，就会沿着东亚地理构造敷设的轨道，进入中原地区，成为建立新王朝的支柱力量。而这种有迹可循的机制，将再次吸引更多周边人群，聚集在中原的外围，重新完成新一轮迁移由外而内的交替进程。所以，正是这样一种动态的过程，解释了中华民族在历史上海纳百川、在文化上交汇融合的前进动力。

其次，本书绘制的地理网络体系，也为解开东亚大陆各区域之间的联系提供了可能。许多年前费孝通先生就提出过"一条西北走廊、一条藏彝走廊、一条岭南走廊，还有一个地区包括东北几省"（《费孝通文集》第8卷），都是一些沟通东亚各主要区域的重要民族走廊。

但同时，我们也意识到，古代人群穿过走廊之后，并不会就此停止不动，他们会沿着另外一些路径继续迁移。在东亚大陆腹地的广阔平原和丘陵地带，某些地理构造（比如地质年代形成的断裂带），在"走廊"的终点，为东亚人群的迁移提供了方向标志。本书便通过对古代关隘、要塞的考察和迁移记录的对照，完成了对这些路径的重建，确切描述了长江流域、黄河流域以及辽河流域等史前文明发生联系的具体路线。这为我们更清楚地了解东亚地区古代文明的联系提供了可能。

最后，通过这样一张具体落地的通道网络（并不类似美国全球史学者麦克尼尔父子提出的"人类之网"概念中，"网"只存在于一种抽象的修辞），我们就能对中国古代文明的出现给出一个可行的解释。世界各地史前文明的出现存在一种相似的机制。由于地理构造的关系，古代中原地区的农业社会，往往会在通道网络的交互部位和外围人群发生实质上的接触。这些接触往往伴随着农业社会对周边人群物质产品（大到马匹、牛只，小到人参、貂皮）的由衷兴趣。当他们积极与周边人群展开贸易，用自己的农产品交换周边产品时，就会在自己的外围培养出一个不断增长的非农业社会。很快，随着贸易程度的加强，非农业社会的交换组织就会围绕贸易首领，形成一个层级化的框架。而日后即将壮大起来的文明雏形，便经由这一政治－经济上的转型，逐渐萌发开来。

伴随这些新观念一同呈现的，绝不是枯燥乏味的文献扒梳。相信各位读者在思考、体味这些新观点的同时，亦能获得解读中国古代历史的趣味。

一些新期待

　　合上《四夷居中国》一书，相信各位读者的头脑中都会产生一些独特的想法。除了书中已经给出解释的一些主题，我希望书中提出的方法和研究思路，能对未来的中国古代文明研究提供一些思路，做出一点儿方向上的推动。

　　其中，最值得期待的，或许就是对通道网络的应用。在过往的研究时期，平面化的地图模糊了研究者对地理构造的认知，很容易忽略了文献中丰富的地貌对人类历史活动的促进作用。而今，卫星地形图的出现，不但能让我们更直观地认识地理环境对人类文化的影响，而且能帮助我们便利地发现通道网络的存在。借助这种全新的研究工具，相信可以对当下的中国古史研究产生有益的促进。

　　延续通道网络的思路，我们便能进一步梳理中国古代人群的来龙去脉。诸如匈奴、鲜卑一类古代人群的身影，往往伴随汉文献的阙如，而消失在历史的深处。现在，这样的通道网络，仿佛在古代人群的迁移之路上点上了一盏路灯，让我们得以在文献的终点，继续追随古人移动的步伐。

　　最后也是最重要的一点，希望《四夷居中国》一书，能传递这样一种基本概念：组成古代东亚大陆的各个区域文明之间是密不可分的。这种趋势在中国古代文明史的进程中，表现得尤为明显。虽然在不同历史王朝中，存在分裂与统一的不同阶段，但正是这种彼此相连的通道网络，使东亚地区建立起一种牢固而坚实的联系，成了中华文明长盛不衰的能量之源。

　　希望本书可以在每位读者心中激起思想的火花。如果您做好了准备，就请随我一同去往历史的深处，探寻不同人群之间文化互动的基本法则，归纳出人类迁移的动力之源，重现东亚大陆文明史上人类的迁移历程，实现在东亚大陆的史前史和文明史之间构筑一条"人类史"通途的小小目标。

7. 现代世界起源的秘密 *

探索现代世界源头的人

  中国经济在过去若干年间的飞速发展，有没有实现她的初衷？随着中国经济体的成熟和发展速度放缓，之前埋头猛进、发足狂奔的人们开始有时间坐而论道，思考一下，我们距离那个最初的目标——"现代性"——是远还是近？清华大学"王国维纪念讲座"

* 本文为艾伦·麦克法兰所著《现代世界的诞生》一书评论，原文发表于《南方都市报·阅读周刊》(2013 年 9 月 22 日刊)。

的创办人们担起了这项思考的重任。2011 年，英国剑桥大学人类学教授艾伦·麦克法兰先生受邀成为该讲座第一位主讲人。一年以后，麦克法兰将当时一个多月时间的讲座内容整理、扩充，于是有了我们看到的《现代世界的诞生》一书。

从书名中我们不难发现讲座主办方向主讲人给出这个"命题"作文的深层用意，作为"现代世界"进程中的"后学之辈"，不妨对比一下"现代世界"的"创世纪"神话，以此来衡量一下今日中国在"现代化"的各项指标上是否达标。且不论这项计划的可操作程度，肩负这一使命的麦克法兰教授的确是该项目的不二人选。出生于英国、在印度阿萨姆邦茶叶种植园长大的麦克法兰以人类学家的雄心和细致观察，十次访问中国，七下日本，久居尼泊尔，并将这些对亚洲文化的热爱化作了《绿色黄金：茶叶的故事》、《日本镜中行》、《玻璃的世界》以及《给莉莉的信》等已有中译本问世的作品，同时还在《英国个人主义的起源》一书中，对我们今天公认的第一个现代国家英国的部分结构性原因有过较为深入的探讨。另外，与杰克·古迪、彭慕兰等关注全球现代化早期进程的学者们的密切交往，使他在"现代世界的诞生"这一问题上颇可代表大部分当代西方主流学者的看法。

在麦克法兰教授的坐镇下，这一"单方面比较"项目的可行性似乎大大增加。按照其中的内在逻辑，只要能将"现代世界"分解成若干组成部分，将每一部分的"诞生"娓娓道来，在阐述完现代社会"应该"具有的每个方面后，那么呈现整个"现代世界的诞生"的工作就自然水到渠成了。此外，这样的研究策略还有另一个潜在用意，如果将"现代性"分为若干部分，那么在与其他社会（比如中国）进行对比时，可以"准确地"衡量该社会的现代化发展水平，如果我们接受英国作为世界上第一个现代国家所具有的代表性的话。

英国现代性的悖论

在全书的正文部分，掐头（问题的提出）去尾（小结）共有 15 章内容，分别为：战争、贸易和帝国；现代技术；资本主义的起源；物质生活；种姓和阶级；文化；家庭、友谊和人口；公民社会；权力和官僚制度；法律和暴力；教育、语言和艺术；知识；统一之神话；宗教和伦理；民族性。再进一步细分的话，去掉"战争、贸易和帝国；现代技术；资本主义的起源"这三章，提供了英国之为今日现代英国的背景知识外，其余的部分（如果对人类学稍有熟悉的话会发现）一道构成了一个社会之所以可能的"社会事实"。诚如麦克法兰在"致中国读者"部分所言，"英格兰之能率先实现非凡的转型，从一个农耕世界变成一个工业世界，是一组互相关联的特点导致的结果，每一个特点都必不可少，但是任何一个特点都不是现代性的十足起因"。那么将这些特点放在一起来看，是否就能揭示本书的主旨？

用"在欧洲复合体内，不列颠群岛尤其得天独厚。……不同地域之间不乏微小差异，加之海岸线犬牙交错，水资源和海运非常便宜，这使得英国成为了贸易的最大福地"，将英国现代化的基础一笔带过后，事实上的正文"物质生活"一章为我们描绘了这样一幅场景。他分别引用法国、德国以及荷兰观察者的话说："（1590年）和法国的同等人相比，英格兰居民消费面包较少，消费肉食更多，而且喜欢'在饮料中加很多糖'""英格兰劳工比法国劳工穿得更好，吃得更好，住得更好，他却工作得更轻松。……英格兰农人的工资更高，饮食更丰，因此更有力气和积极性完成自己的工作""英格兰人不如荷兰人或法国人那样克勤克俭，他们在慵懒之中度过大半浮生。……他们养了很多懒惰的佣工，还养了很多野生动物以自乐，却不肯耕作农田以自苦"。并且惊人地发现，"较之法国，英格兰乡村居民的地位如在天上。这里没有横征暴敛，军队不宿民宅，国家也不征收国内税"，从而在这一章的结尾得出了"英格兰长期以来一直负担得起各种奢侈：充裕的闲暇时间、大片的闲置土地、高度的物质福利——这种福利直到今天才成为许多国家的寻常事物"的结论。

在这里，麦克法兰努力为英国社会塑造了一种超然拔群的姿态，"工资更高，饮食更丰"，"没有横征暴敛，军队不宿民宅，国家也不征收国内税"，而这又与"在慵懒之中度过大半浮生"形成了难以自洽的对比。类似的还有，作者甚至指出，更早的"14 世纪，英格兰人已能将大量的时间花费在休闲活动和业余爱好上。很多人认为英格兰人不如邻国人民勤劳"。但这丝毫不妨碍他将这种不对等的状况解释为"英格兰生产体系的高效意味着工作模式的与众不同"，认为"这是现代性的另一个重要表征"。

再看一下"法律和暴力"一章的叙述。作者在此认为"英格兰人对财富的瘾头反映在他们的财产法中，这是全世界最复杂、最成熟、最高深莫测、最闹得不可开交的一部关于赚钱的法律"。当然，他之前已经借狄更斯《荒凉山庄》小说中律师之口说道："我们是一个繁荣的社会……一个非常伟大的国家。这是一个伟大的体系……难道你希望一个伟大的国家拥有一个渺小的体系吗？"不可否认，英国的确是现代世界道路上，拥有里程碑的国家——"伟大的国家"——为包括法律在内世界各国的现代性树立了标杆，比如"最复杂、最成熟……的一部关于赚钱的法律"。然而，正如先有"伟大的国家"才能有"伟大的体系"，至少先要存在引人纠纷的（巨大）财富，才需要一部"赚钱的法律"。

从"物质生活"到"宗教和伦理"和"民族性"，麦克法兰提到了现代性的诸种表征，比如，用是否拥有"充裕的闲暇时间、大片的闲置土地、高度的物质福利"来衡量其他社会是否达到"物质生活"现代化的标准。但就像当时观察者发现的英国人"在慵懒之中度过大半浮生""不如邻国人民勤劳"那些与结论自相矛盾的现象一样，绕过了现代性出现的真实原因。换句话说，作者通篇所提到的这些表征实际上都是现代性的部分"结果"，而非起因。

"现代性"的根基

虽然在作者笔下，现代世界依然显得飘忽，但麦克法兰还是隐隐约约透露了一切的缘由。可能是这一原因与譬如崇高的天性等诸种美德并无关联，甚至过于世俗，以至于作者故意闪避，或真的没有发现。既然"慵懒"和"高效"无法共存，而且外国观察者的报告似乎并没有说谎或故意夸大，那么让现代化之初的英国能"没有横征暴敛，军队不宿民宅，国家也不征收国内税"的原因就只有一个，就是从没有匮乏之虞的财富——"英格兰人对财富的瘾头反映在他们的财产法"，作者曾经说过。

正是这样一份"来源不明"的巨大财富，让"英格兰乡村居民的地位如在天上"，给了英国人在慵懒中度日，却不需担心明日衣食所自。其实在"家庭、友谊和人口"一章中，作者从"14世纪以来……英格兰对妇女财产权的保护逐渐增强，同时妇女也能够起诉丈夫虐待和怠忽"的事实中，得出了"与欧陆的大多数国家相比，英格兰妇女在法律上的地位非常高。……甚至比法律所暗示的还要高"的结论。但他没有提到，要提高"妇女财产权的保护"之前提，是要妇女本身普遍拥有充足的财富，而能独立于男性财产处置权之外。因此，"妇女财产权的保护"这一现代性的表征，同样是这一物质基础的结果，而非原因。另一个可以对比的例子是，在"知识"一章中，作者用"英格兰不存在一小撮文化精英，与一大群文盲农民之间的一种常见的对垒和差别……许多伟大的科学家，如牛顿、法拉第，等等，能从相对微贱的家庭背景中脱颖而出"来论证"最近五百年英格兰科学发展的原因"。那么，牛顿等人"从相对微贱的家庭背景中"涌现的原因，难道不是他们虽"微贱"但不"贫寒"吗？

和杰克·古迪等人一样，麦克法兰试图从制度或智力、禀赋等"上层建筑"的方面寻找让英格兰人在芸芸众生中脱颖而出，矗立在现代世界之巅的原因，而忘记了比马克思更早的亚当·斯密。那么，是什么原因让麦克法兰们将英国的巨大财富仅仅归结为"不列颠群岛尤其得天独厚。……水资源和海运非常便宜，这使得英国成为了贸易的最大福地"，而使之隐形为"来源不明"呢？《道德经》里的"大音希声，大象无形"似乎是个恰如其分的解释。我的研究显示，虽然西班牙从新大陆攫取了大量贵金属，但垄断于王室贵族手中的财富从未向下流动，去激励西班牙社会的物质生产机制。对于如此易得的金属货币，不论普通生活用品还是奢侈品，都可以直接购买，因为这远低于一次次从美洲搬运至欧洲的成本。相对于西班牙这个全球"金属搬运者"，葡萄牙与荷兰则成为全球奢侈品猎头；当这二者的贸易站点遍布全球时，来自西班牙的订单和资金流入显然激励了英格兰的社会生产（这是14世纪以前，由蒙古帝国开始，资金经地中海贸易网络流入英格兰潮流的延续）。这表现为包括"圈地运动"在内一系列生产关系调整的社会－生产结构调整，同时也催生了包括水力、煤炭机械在内的新技术的诞生；这一切使英格兰人在西班牙的财富之源枯竭并沦为二流国家后，成为世界生产当之无愧的垄断者，如其所言"英国的领先地位是如此遥不可及"。

正如雷蒙·威廉斯在《乡村与城市》中揭示的那样，经历了工业化或早期工业化之后短暂的规划混乱与不平等，新兴的城市文化无可动摇地成为现代性的标志。先是生产技术，接着是军事实力方面的全面领先，保证了在长达两百年的时间里，世界各地的财富源源不断流入英格兰。正是这种绝对的巨额财富的流入，确保了英格兰人从绅士到佣工在慵懒方面都能保持相似的平等，无论男性和女性都有机会支配更大的财富，并且使个体无须依赖集体或家族、宗族都能实现个人的成功。正是这无法复制的巨大财富，才推动了英国个体主义的起源，以及使之跨入了现代世界的门槛。

如上的评论难免使我们伤感，既然世界上首个现代化国家的道路，其实是由无法复制的巨大财富铺就，这是否意味着它的成就同样无法复制？答案是否定，而且乐观的！一如麦克法兰1996年在中国北京观察到的那样，"这种向着一个'现代的'、小康的物质世界的大规模转型，是人们表现和判断'现代性'的最雄辩的方式之一"，毫无疑问，本书带给我们的真正启示在于，只有更高水平的平等（普遍富裕），而非更低水平的平等（普遍贫困），才更有可能实现我们期待的"现代世界"。

8. 选择成为一个怎样的国家*

　　从前有一个班级，班里有位甲同学，一直学习优异，门门考试都拿第一。同学佩服，老师喜欢，所有的奖状也差不多都被他一个人拿了。过了几年，班里转学来了一位乙同学，乙同学天性开朗，有独到的学习方法，外加努力和运气，时常考过甲同学。老师的表扬和奖状多给了乙同学，当然，给甲同学依然少不了鼓励。但是，甲同学却觉得老师偏心。自从心态发生了微妙的变化，甲同学变得固执己见，成绩难有提高，没达到预期，最后考入师范，毕业当上一名老师。甲同学变成甲老师，可对当年的事情还记忆犹新，他觉

* 本文为阿里夫·德里克所著《后革命时代的中国》一书评论，原文发表于《南方都市报·阅读周刊》（2015 年 10 月 25 日刊）。

得要当一个好老师，不能因为孩子的成绩变化而改变态度。可巧，班上也有 A 同学和 B 同学成绩不分上下，形成了争相第一的良好势头。有一天，他突然觉得，自己当年很傻气。站在老师的视角，一个班里总会有一个第一名，至于谁是第一名，对老师来说都一样，因为都是自己班上的学生。老师只希望所有的学生都提高成绩。从学生心态变成老师心态，或许就是甲老师从教以来最大的收获。

下面要说到正文，有一个美国人德里克老师，要帮我们思考一下"要变成一个怎样的中国"的问题。美国汉学家阿里夫·德里克受清华大学"梁启超纪念讲座"邀请，对改革开放以来中国知识层面的变化提出了独到的看法。这些想法收入了《后革命时代的中国》一书。

相比"革命时代"的中国，与"开放时代"一同到来的还有进一步的"迷失"："1978 年后，对革命历史的拒斥引发了一种文化民族主义，在 20 世纪 90 年代越发清晰起来，从而对中国人思考文化和历史产生了深远的影响。"这是德里克所有思考的大背景。

众所周知，改革开放事实上标志着之前一个"革命时代"高潮的结束。在革命时代，革命家们认为英、美同学趁自己沉睡之机偷跑到前头，而阻碍这个国家保持"第一"的主要原因之一，就是被传统束缚，过去的学习方法太过落后。于是他们希望通过"革去旧命，建立新命"的方式来赶超英、美。当然，这个激进的学习方式，结果不太理想。虽然自己过去的学习方式没能保住领先，但全盘破除旧法，没有提出新的方法，未能解决成绩不佳的问题。

于是，当革命的高潮退去后，"儒学的死亡与复活"就成了德里克关注的重点，"我们这个时代最具反讽意味的一件事情：孔子被从博物馆中请了出来，而革命却要被放进博物馆了"。这一历史契机与 20 世纪七八十年代"亚洲四小龙"的起飞密不可分，那些与华人文化有着千丝万缕联系的东亚国家和地区，似乎没有抛弃以儒家为代表的过去，同样实现经济的腾飞和对主流趋势的追赶。

表面上，这个故事以"欲练神功必先自宫"开头，翻到最后一页时发现，"不用自宫也可成功"。从一个极端，到了另一个极端。更巧合的是，改革开放以后，中国经济起飞的过程，与儒家传统以及"国学热"的出现，在节奏上似乎又有一些吻合。加上杜维明等海外"新儒家"的鼓吹，这不由得让人们感到怀疑，儒家和现代性之间是否真的具有一种"相关性"？更令人困惑的是，这种"后革命时代"向传统妥协的方式，是否根本上质疑了之前一个时代的实践方式和动机？——越回归儒家方式，就越"现代"？

同时，这个关于学习进步的问题，被塑造成一个貌似全新的体验：究竟存在一种现代化，还是多种？中国传统是否能孕育另一条现代之路？德里克老师不失时机地提醒我们，这个问题有着古老的源头，来自公羊学的"华夷之辨"。将本身的世界与自身之外的世界，视作两个截然对立的体系——比如所谓"中西对立"——这些偏执于这两个体系孰高孰低的观念，在今天则具体表现在当代学人对于"天下观"的满心追忆。

德里克还发现，以最大热情参与到这场大辩论中的当代思想家，就是中国社会科学家们，后者热衷于"社会科学的中国化"是一个不争的事实。20世纪上半期的中国社会科学家本着以社会科学方法解决中国的实际问题提出了这个口号。他们在"革命时代"的继承人们延续这个口号，则是为了尽快把本学科从"帝国主义使女"的阴影下解放出来。而今的"中国化"倡导者们却似乎在无意识中，被"新儒家"们拉入了合谋的战壕。

对此，德里克清醒地指出，"社会科学中国化的呼声虽然在1930、1940年代看来是合理的，但是在当下却更像一种自我防御和倒退。当前的中国已经不再是帝国主义施行霸权的对象，而是国际舞台上的一名重要参与者"。因此，"将社会科学中国化或许可以舒缓民族主义的焦虑。但是，除非中国被视为一个封闭的系统，社会科学的中国化只有伴随着它的全球化才是有意义的——我们不应当只把'西方'作为参照物，而是要参照全球各个社会"。

最后，作者坦率地承认，"即使中国自1970年代以来已经摒弃了革命历史，这些遗产仍然具有生命力"。因为这毕竟代表了一种对普世理想的追求。而"当下讨论的'中国模式'只不过是现代化范式的一个本土版本"，至于该如何重新认识这个本土版本的意义，他并没有给出答案。从书中跳到题外，我们或许可以用甲同学变成甲老师的视角转变，来回答德里克的问题。诚如其所言，所谓"中西对立"并不成立，而是一种传统与现代的对立。打个比方来说，是一个班级的学生和一个老师的关系，这个班级中有传统中国、传统印度、传统伊朗，以及传统英国、美国，而所有的学生有一个共同的"现代性"老师，这个班级的学习目标，是毕业后成为现代中国及现代英国、美国。这个老师表面上和英、美同学的关系密切一些，只不过因为后者在现代性的道路上脚步更快，并不表示他们没有传统的一面，也不表示这个老师就是英、美本身。

更具体的例子，则体现在"中西医学"的辩论上。中国传统医学是与世界各地传统医术并列的一班同学。向现代医学的迈进，并不是向某个具体的"同学"低头，而是改变自己旧有的学习习惯，向现代医学这位共有的老师学习。这既不是件有伤尊严的事情，也不是"数典忘祖"，而是见贤思齐，因为现代医学并不是某个国家的私物，乃是全人类共享的知识。

从这个角度，再看如同"华夷之辨"的"中西对立"，则将传统中国与混同为"西方"的现代性截然对立起来，无论是纠结于自身传统中的"天下",还是像某位著名作家那样身穿想象的儒服,化身祭祀的礼生,都只是强化了中国与世界的对立,仿佛题头那位甲同学,将老师与其他同学视作一伙,而将自己孤立于"一个封闭的系统"。

说到这里,道理已经颇为明朗了。德里克向我们宣告了"对立"史观的终结,后革命时代的选择权还在我们手里。是时候将"学生"的视角转变为"老师"的视角,或许能帮助我们拥抱更大的世界,成为我们想要成为的那个国度。

9. 那场永不止息的"心灵"战争[*]

父辈的纠结

王明珂先生今日已是国内学术界耳熟能详的学者,盛名跨越海峡两岸。他有关中国民族史的一系列著作颇受学界内外好评,或许是他所接受的海外人类学训练,使他能驾轻就熟地将"族群理论""历史记忆"这些观念工具引入传统民族史研究领域,开辟了

---

[*] 本文为王明珂所著《父亲那场永不止息的战争》一书评论,原文发表于《南方都市报·阅读周刊》(2013年1月27日刊)。

一片独特的天地，以《华夏边缘》《羌在汉藏之间》《英雄祖先与兄弟民族》等一批作品为人所瞩目。但这些专著或者侧重某一主题，或者偏向特定的民族，让我们难以完整把握王明珂先生的研究理路。不过，收集了王先生多年来散见各类报纸刊物回忆、评论的文集《父亲那场永不止息的战争》而今问世，为我们全面梳理、解读作者的创作心路提供了可能。

王明珂祖籍武汉，父亲从戎，为黄埔军人，曾于孙立人将军麾下参与滇缅作战，后遂赴台，在台湾眷村生下作者。而书中所指的那场"永不止息的战争"，狭义上讲便指他父亲王光辉和新一军参与的缅甸作战；而广义上讲，则是涵盖了他的父辈们所参与的包括抗日战争、解放战争，甚至"冷战"在内20世纪上半叶席卷整个中国的战争。这一切又反过来投射到他父亲这代人的人生经历上——年轻时心怀民族，暮年时对民族情感的召唤却渐渐失去了方向——构成了他的父辈绵延终生的"心灵战争"。

在前半段心灵战争中，绝大部分国人都如"中央研究院之学术领导者傅斯年等人主要关怀的是整体中国民族问题"。王明珂在书中提到，傅斯年在给朱家骅、杭立武的信中称："此地（云南）汉人其祖先为纯粹汉人者本居少数，今日汉族在此地之能有多数，乃同化之故。此一力量，即汉族之最伟大处所在。"傅斯年并非"大汉族主义者"，只是战争年代，危亡关头使其迫切希望众人坚持"中华民族是一个"的观念。王明珂还提到，这种观念认同使傅斯年对"吴文藻、费孝通在云南进行的边疆民族研究十分反感"，因为傅认为，他们对当地细致的民族调查会导致"此等同化之人，本讳言其渊源，今言之不已，轻则使人生气，重则使之有分离汉人之意识，此何为者哉"！于是，傅斯年的侄子在一篇文章中言及，"是欲将吴文藻调离云南大学，以禁止吴与其弟子费孝通所从事的边疆民族研究"。

相同的阻力也发生在倡导"古史辨"的顾颉刚身上。所幸的是，政治并未干涉学术，傅斯年没有插手吴、费等人的民族研究工作，其位于昆明呈贡"魁阁"的工作站在研究和人才培养上一直坚持到抗战胜利。

不过，这种观念上的分歧，并未就此终结，而是继续影响了吴文藻师徒留在大陆，而傅斯年赴台后负责史语所，担任台大校长的人生走势。有趣的是，傅斯年所主张"中华民族是一个"的观念并没有随其远行，反而深深扎根到后来国家建设的观念当中。尽管新中国在吴文藻、潘光旦、费孝通等人积极力行的"社会主义民族识别"工作中，区分了多数民族和众多"少数民族"，但"中华民族"的观念开始成为每个中国人共有的观念。

然而，或许会让傅斯年深深失望的是，他的学术衣钵传承人们，在20世纪后半叶的心灵战争中，却渐渐陷入了困惑，"谁是'炎黄子孙'？"——王明珂在另一篇文章的开头写道。

"解构主义"与当代族群之困

20世纪后半叶是一个文化与政治变迁的时代。1974年，二十出头的王明珂进入台湾师大读书。而在此5年之前的1969年，挪威人类学家弗里德里克·巴特写作了著名的《族群与边界》一书。事实上，各种"族群理论"在整个20世纪60年代以后的人类学与国际政治领域已经占据了非常重要的地位。随着世界范围内前殖民地的大规模解体，民族国家以独立主权国家的身份登上国际政治舞台。要为这些新生的族群力量找到精神力量的支柱，首先需要在理论上解构原先将各民族群体统合到庞大殖民帝国的联系，并在情感上建立民族－国家的政治合法性。于是，无论本尼克特·安德森和厄内斯特·盖尔纳等人提出了"想象论"、"根基论"和"工具论"，其都是为了推动族群权利的获得，解构以往"现代主义"打造的"帝国主义－殖民地"联系，建立一种新的或许可以称为"后现代性"的族群权利认同。

与之相伴的则是"历史记忆"观念的推动。以雅克·勒高夫《历史与记忆》为代表的"新史学"研究者们本着还原历史本身的目的开始了"历史记忆"的探索，这些研究的理路一如霍布斯·鲍姆编撰之《传统的发明》、彼得·伯克之《制造路易十四》等主将的代表作名称所言，无论是公认的传统，还是伟人的事迹，都是后人逐渐建构、编织、堆积而"发明""制造"的，从这个层面上讲，民族共同体的"想象"亦然。

王明珂用自己听过的一位人类学者在阿富汗游牧社会研究中的经验为"历史记忆"概念写了一个翔实的注脚。故事提到，一个游牧部落由于阿富汗战争游牧到其他地区，为另一部落接纳共享其草场。"战争结束后，这位人类者重访故地，几经打探终于找到了该部落。在宾主欢聚宴饮之际，主人提及本部落的祖先历史。这位学者发现，原来他已知的该部落始祖，现在有了一个哥哥，也就是目前与该部落共享草场的另一部落的祖先。同时故事中出现了这两位兄弟的父亲，两个部落的共同始祖。这位人类学者问道，为何以前没听他们提及这位祖先。他们只轻描淡写地回答说，过去没有必要提起这祖先，或说是现在想起来了……"

从这个故事中，我们可以看到"历史记忆"本身的多元性，人们可以根据现实情境重新建构记忆的内容。两个版本的故事从某种意义上说都是"真实"的，新版故事貌似编造，其实用隐喻的形式为两个部落当下的联合构建了合法性。然而，"历史记忆"研究本身存在另一个反向的路径——人们同样可以用其消解任何建立在"共同起源神话"基础上民族共同体的合法性。

浸淫于这样的学术脉络与时代背景，王明珂不得不面对一个与其父所处截然不同的认知鸿沟：台湾目前最强势的一种历史记忆便是：台湾早期的一批居民，三百年前闽粤移民随郑成功来台，他们是闽南人、客家人的祖先，六十年前又有一批大陆军民随蒋介石来台，他们是外省人的祖先。因为这样的历史，所以台湾的社会现实便是：人分为四大群体，其中原来的居民是被征服者，外省人是新住民，闽南人与客家人才是真正的台湾人——傅斯年泉下有知，是否会有几分落寞？

矛盾的学术

作为史语所的学术继承人，发掘中华民族之根源是王明珂根本的学术追求，这体现在其同事们至今对殷墟甲骨文数十年如一日孜孜不倦的整理出版当中，也体现在王先生本人对上迄"甲骨"时代便已出现的"羌人"的探究上。然而，他的另一些同事也以文章回应了"历史记忆"对"国族"观念的解构之潮。

1994 年以后，王明珂开始前往川西等地的羌寨进行田野调查，他转述了 20 世纪 40 年代曾在岷江上游考察羌族语言的学者闻宥的感叹："像羌这样一个古老的民族，经历了数千年的迁徙、混合竟然在此还有孑遗，而世人居然都不知道他们的存在。"然而，正如他在《寻羌》一书中所做的尝试一样，王明珂不得不面对的现实是："在北川地区，由于过去'一截骂一截'，20 世纪 50 年代只有最西北角，上游已无其他村寨的人可骂的青片河上游'上五寨'，部分人无奈地成为藏族或羌族。"

当装备着"族群理论"和"历史记忆"观念之类"后现代"解构武器的王明珂，遇到了按现代主义国家观念建构的当代民族，不得不面对一个严峻的悖论：他所具备的理论工具在解构"当代原始人"幻象——即羌族并非一个逾千年未变的"纯粹民族"，而只是当下"一截骂一截"的产物——的同时，事实上，并不具备重建另一套族群合法性替代叙述的可能（即如其在《寻羌》标题所暗示的那样：羌，无处可寻；但又无法解释当地人从何而来，又将向何处去）。另外，虽然"历史记忆"观念可以消解当代台湾族群认同的主体性冲突，但与之伴生的历史虚无主义，无助于当代中国的族群认同。

因此，当我们借助王明珂的思路"从历史记忆角度，从我们对人类社会的了解，来探索、解读历史叙事中暗藏的'密码'，借此体会及谅解人们为何要宣称自己或他人是黄帝、蚩尤、盘瓠子孙，或宣称自身是檀君子孙而非箕子之后"时，既要认识到这消解历史权威的过程，能帮我们了解这其实是人们对当下选择的隐喻表述；也要意识到，这一解构的尝试无法替代对"历史"本身的建设，以及其背后可能的"历史虚无主义"！

不过，有志重建民族史的人们，并不至因此泄气。通过《父亲

那场永不止息的战争》一书的梳理，可以了解海峡两岸在过去一个
世纪中，对民族历史、当代民族的观念时代转换，以及学者对此纠
结的"心灵"战争和种种战况。毕竟，解构之后，才意味着真正的
建设。而装备了更新的人类学理论武器的研究者们，正整装待发，
准备将平静赋予这场"永不止息的战争"。

第三编　神话

在所有人文研究中，神话是最令人着迷，也是最难以捉摸的。因为神话的容量有限，内涵却极为丰富。仿佛它就是人类文字历史记载之前的历史，解开神话的内涵，就能复原人类史前的记忆。

当代神话学研究告诉我们，对神话的传统认识，使人们陷入了一个巨大误区。神话并不一定是史前留下硕果仅存的历史孑遗，也可能是某个历史时刻中，人们出于具体目的，人为创造的（一种隐喻）。接下来，只要找到那个历史时刻所发生的社会格局的变化，或许就能揭开那个隐喻背后的本体。

即便神话学的道路止于半途，人类学依然可以帮助我们打开神话的秘境。借助人类社会交往的基本模式，我们就能重建那些隐藏于神话英雄母题背后的文化互动之路。隐隐然间，这一方法或能引导我们踏上史前记忆的归途。

1. 我们今天能否读懂古老神话？ *

关于中国神话的两个问题

中国的历史，越往前越模糊。司马迁曾经写过："自殷以前诸侯不可得而谱，周以来乃颇可著。"近现代以来，我们从殷墟甲骨文中把商代已经夯实了很多，但要做到文字上落实"殷以前诸侯"，还有很长的路要走。

---

* 本文为申赋渔所著《中国人的历史：诸神的踪迹》一书评论，原文发表于《新京报·书评周刊》（2017 年 10 月 21 日刊）。

　　"五帝、三代之记，尚矣。"尚，就是上。从商代往上，就是中国的神话时代。神话时代的中国，是什么模样？一位文学作者新近推出了一本《中国人的历史：诸神的踪迹》（以下简称《诸神》），倒是可以帮我们审视一下神话中国的基本面貌。

　　《诸神》把神话中国分成了十八个章节。第一章就是盘古女娲，接着伏羲、神农、黄帝、少昊、颛顼、帝喾，加上尧、舜、禹，每位传说人物各有一章，凑成十个章节。大有把中国上古神话时代一扫而尽的气势。后面又分八章，分述夏、商、周三代。大禹的后人，启和少康占了一章，这就是夏代。伊尹、傅说这两位上古能臣各为一章算是商代。吕尚、伯夷叔齐、周公、周穆王这四章跨越了周代，看来作者对西周还是最厚爱的。最后，以"中国龙"结尾，这本神话大作就结束了。

　　这里可以看出，全书以夏商周为界点分成了两部分。夏商周是有历史支撑的部分，在这之前，有些人我们认识，另一些我们就不熟悉了。其中最著名的就是神农和黄帝，我们自称的"炎黄子孙"就是打这儿来的。

　　现在，本书的写作方式已经很明白地展现出来——用通俗的文字，把中国古代的神祇事迹，重新再讲一遍；在古文翻译成白话的基础上，进行了一些再创作。显然，本书按照某种结构，有目的地挑选了一些故事，然后进行了文学扩写。这随之导致了一些困惑，留给我们两个问题：第一，这些神祇的排序有什么关联，是谁给出了这样的顺序；第二，中国神话神祇的故事，是怎样被不断扩充的，有没有一些基本的标准。

　　带着这两个问题，我们可以进一步钻研到神话的世界之中。

中国神话的"箭垛式"增长

首先，我们要明白，《诸神》的结构就是罗列了上古的帝王。我们把夏代以前的神祇统称为"三皇五帝"，先有"五帝"，后来才有了"三皇"。

孔子最早比较完整地提出了"五帝"组合，有黄帝、颛顼（黄帝之孙）、帝喾、帝尧、帝舜、帝禹一共六位。大概是觉得帝禹是夏代名义上的开启者，将他撇开，把前头五位凑成了"五帝"，还给他们写出了大致的事迹。

今天通行的"三皇"，来自西晋皇甫谧。他把神话时代以来的王都排好了队，一开头就是伏羲、神农和黄帝。从这里开始，黄帝就正式从过去的"五帝"中被提升到了"三皇"。顺便还把原本是两个的神农和炎帝合二为一。为了填补"五帝"中缺席的黄帝，皇甫谧又增补了一个少昊。颛顼、帝喾、帝尧、帝舜还是保持位次不变。就这样，现在看到比较流行的"三皇五帝"，在西晋时才终于到齐。

直到这个时候，这些上古神祇的事迹都还非常有限，而新的契机也随之出现。战国后期出现"五行"之说，在西晋遇到了新成立的"三皇五帝"组合。"五行"却不凑着五帝，偏要从"三皇"开始，把原本时段相承接的五人，编成了伏羲（东）、神农（南）、黄帝（中）、少昊（西）、颛顼（北），五个方向的主神，代表东（木）、南（火）、中（土）、西（金）、北（水）。而帝喾、帝尧、帝舜这几位就被当作人间的首脑，放在了一边。

从这个过程中,我们就可以理解《诸神》中看到的神话格局和主要故事是如何产生的。讲到伏羲的时候,一定要强调他是东方的天帝,还配有自己的属官;说到神农时,就说他是南方的天帝;等等。为何这样搭配,原因就在这里。而在最初的时候,他们本来并没有这些特征。同样,原先在谱系中,不能和"三皇"平起平坐的少昊、颛顼,就因为搭上了"东西南北中"的班车,直接排到了他们后面。对于后面的几位,次序也就顺延下来。但这种排序是非常有问题的,早先没有系统的神祇,被归入了某个体系,显得非常牵强。另外将"三苗"和"苗蛊"联想在一起,也是作者的一厢情愿,并对读者产生了误导。当然,这也是中国神话本身存在的问题。

在夏商周三代中,《诸神》为何单独提出这几位来讲他们的神话,原因就正好反过来。"三皇五帝",是原本没有记载的时代中,似乎最可靠的部分。而夏启、少康、伊尹、傅说则可能是历史时代里最离奇的部分。它们的共同点在于,人们在继承这些神话的过程中,不断增添了许多额外的情节,使这些原本事迹并不超出平常的人物,逐渐跃出了最初的框架,变成了某位传奇人物。

所以,我们在《诸神》中也就看到了中国神话塑造的一个传统——前人搭好框架,后人添砖加瓦。上古神话在西晋定型后,历朝历代都不断增补了新的版本。最早的"五帝"事迹只有一鳞半爪,越往后,情节反而越丰富,篇幅越长。这就是"古史辨"学派说的,中国神话的"箭垛式"增长。

20世纪,袁珂先生已经编成了《中国古代神话》,将这些原本寥寥数语的神话层层演绎。《诸神》一书也如实延续这一传统,用文学语言把商王武丁的夫人妇好描绘一番;又把武王克商的事情重新叙述一遍，凭空增添了许多想象的情景；还要替周穆王和西王母的遭遇，铺垫一些暧昧的氛围。而这些是历史文本原先所没有的。

坦率地说，这种直白但不简单等同于白话翻译的再创作过程，或许可以使行文更加流畅。但这种文学性的增长，同样也会增加读者的困惑。毕竟，许多原本不见文献记载的内容，只是出于作者的浪漫想象，而被不断添加出来，使晚近的读者陷入了理解的迷雾。

神话的价值

中国古代神话，实是个见仁见智的事情。《诸神》一书实际上将中国神话存在的主要问题，全部呈现了出来，能让我们站在更好的角度，重新审视这些问题。

世界各地都有神话，然而拿中国神话与西方神话进行比较，就能发现，中国神话的确不如西方神话那样历史漫长，可以上溯久远。比如《圣经》中的"大洪水"神话，可以找到苏美尔楔形泥板文字的源头。西方神话在故事的连续性和人物特征上更加鲜明，的确可以从神话中，寻觅远古历史的痕迹。西方神话也因此有了史诗的传统。

而中国神话在很大程度上并不是来自远古，只是相对较晚的时候，才陆续出现的。比如，在中国有关"大禹治水"的故事中，最初的"洪水"和"龙门"只是两个渡口的名称，经历了后来无数次改编后，才成为我们今天看到的模样。大约到战国时代的人们，为了各自的学说，提出了一些貌似上古的人名，作为自己观点的注脚。随着这些学说在日后发展出政治价值，那些原本单薄的人名，就被一再扩充，事迹也就通过一次次编写不断被"制造出来"。比如，尧舜的禅让，就是因为历史上僭主的崛起，而被不断翻新。

我们可以看到，早先没有系统的神祇，被归入了某个体系。原本没有关联的伏羲、神农，因为"五行"的关系被编排进了同一个秩序。所以，某个神祇的事迹可以作为具有教育意义的案例，被不断提出，但这些却很难被当作历史而联系起来。所以，我们在《诸神》中，只能看到一些缺乏有机联系的片段，却不能将它们编织进一个脉络，一旦有意将它们合入同一领域便显得非常牵强。

不过说实话，神话并不是一成不变的"老古董"，《三国》《西游》也是在前人基础上多番敷衍的成果，这不妨碍它们成为千古名著。所以，我们也不必为中国神话的不够久远感到神伤、气馁。我们今天看到的北欧神话诸神，早就在漫威宇宙的好莱坞大片中惩恶扬善了。西方神话中的上帝，也经常参与人类社会的建设。连印度教的湿婆大神，也可以换成阿米尔汗的面孔，到现代社会来走上一遭。中国的上古诸神，既然本身也有着历代拼接、改编的明显痕迹，不如放下身段，抛开高冷姿态，将其中有价值的部分提取出来，加以阐发，或许也能走出一条更现代的亲民路线。

当然，神话终究是神话，要书写历史，尤其是严肃的历史，仍应区分事实与传说。《诸神》一书，作为文学创作，或有价值，但是如果不是有新的考古证据作支撑，再浪漫的神话，也需要谨慎对待。最后，期待一下，随着各地先秦资料的出土，当有更多古代神话资料发现。希望那时，不论严肃还是浪漫，我们可以写出一部真正的"中国古代神话"。

2. 德鲁克与"经济人的末日"*

　　读过汉娜·阿伦特《极权主义的起源》的读者无疑都会被其中"反犹主义"、"帝国主义"和"极权主义"的丰富事实所震撼。阿伦特作为一个对20世纪上半叶深有体验的学者，在1949年写成该书时认为，极权主义把人区分出"理应消灭的人种或阶级"，以"集中营"或"劳改营"为场所，有计划地改造或消除这些与其理念相左的人，实在是史上前所未有的极端状态。然而，作为犹太人的她，在分为三部分的该书中，试图解答的问题是：基于什么历史条件，使犹太人成为纳粹"民族社会主义"决意整体铲除的对象？

* 本文为彼得·德鲁克所著《经济人的末日——极权主义的起源》一书评论，原文发表于《南方都市报·阅读周刊》（2016年1月31日刊）。

通过分析，她认为资本主义的扩张使人们丧失了原本的联系，而帝国主义的暴行则召唤了人们内心的野蛮一面，使"群众"热衷于各种"意识形态"的蛊惑，最终将犹太人的命运推入了历史的深渊。

然而，两个原因使阿伦特的经典略显失色。首先，虽然本身经历了纳粹德国的上升期，但她的作品写作于 20 世纪 50 年代，距离极权主义的巅峰有些距离。其次，她身为犹太人的文化背景使她关注的重点集中在"犹太人的命运"，思考犹太人解开命运枷锁的途径。因此，她对极权主义的讨论更多是围绕"犹太人是如何受到纳粹极权主义迫害，及其原因"而展开的。换句话说，阿伦特谈的是极权主义的表征，而非真正意义上的起源。

其实，还有一本书也叫这个名字，只不过用在副标题上，德国学者彼得·德鲁克的《经济人的末日——极权主义的起源》也讨论了同样一个主题。和阿伦特不同的是，该书在 1939 年春季便已出版，作者在半个世纪后的序言中写道："我在 1933 年希特勒掌权前段几个星期就动笔了。最早的节录本在 1935 年或 1936 年由奥地利天主教徒与反纳粹的出版商印成小册子出版，讨论反犹太主义在纳粹恶魔论中扮演的角色及其深具吸引力的原因。"

虽然主题相似，但德鲁克是世界知名的管理学家，既不是哲学家也不是政治家，也不是犹太人。他并没有把视野聚焦于极权与德国犹太人的关系上，而是"将纳粹主义与极权主义视为全欧洲的疾病"。更难能可贵的是，德鲁克的商业背景，也使他跃出了意识形态的简单化思维，以一种更大更系统化的政治 - 经济学视角，将这场 20 世纪的灾难，放到全人类的场域中全面思考。

德鲁克一开始就提出了"反法西斯主义的错觉"。以往的研究者往往从表面上认为，或者是"大企业"支持了法西斯，甚至觉得是"群众被法西斯的宣传麻醉了"。这些都是法西斯主义发展的表征之一，而无法从根本上解释人们之所以支持包括法西斯在内的极权主义思想的原因。事实上，正如德鲁克用本书的正标题"经济人的末日"一针见血指出的那样：经济的衰退才是极权主义起源的根源。

经济的衰退是怎样诱发了极权主义的出现？作为一个成功的企业管理者，德鲁克发现，中东欧在资本主义发展程度上与西欧之间的差距，为极权主义的出现背负了原罪。工业革命以后西欧建立在大规模生产基础上的自由主义经济模式给包括德国、意大利在内的中欧、南欧国家带来了启发，使后者亦步亦趋地走上了资本主义发展进程。然而，短期内的产业升级，在利益分享、市场分配等方面给这些国家带来了两个层面的深层影响：第一，原先均质化、收入平等的农业社会出现日趋严重的财富分化；第二，这些后起的工业国在产品生产定位和市场风险评估上，和西欧国家相比，都缺乏经验和足够的抵抗能力。结果显而易见。虽然国内民众普遍收入提高，但财富分化水平上升引起民众不满。而缺乏抵抗经济波动的能力，使这些新兴工业国在全球经济萧条面前变得脆弱不堪。围绕如何化解民众的不满，同时维持自身经济脆弱的稳定，德、意等新兴工业国的发展道路如履薄冰。

尽管努力追赶西欧国家的工业化步伐，可德、意等国在发展水平上的鸿沟却一时无法迅速弥合，那么当后者遭遇 20 世纪 30 年代初席卷世界主要国家的著名的"经济大萧条"时，上述提到的中、南欧国家发展进程中暗藏的重大隐患就一股脑儿地全部爆发出来，彻底地杀死了"经济人"的最后理想——用自由主义的方式来应对经济上的问题——代之以一种非自由主义的、高压式的强硬手段。

希特勒与纳粹的策略并没有什么特殊之处。他们用一些保守的手段来面对周期性的经济危机，和人类历史上所有短视的统治者并无区别。这些手段包括但不限于：强调农业社会的纯洁性，贬低工业发展的成果；把职业女性赶回家中；剥夺犹太人的政治经济权利。由于意识不到是本身工业水平发展的局限性导致的经济萧条，极权主义的拥护者就像那些"宗教激进主义者"一样，把整个现代化的努力都视作洪水猛兽。

因此，德鲁克提出了他的洞见，并非法西斯主义的宣传工具无比高效，让"群众被法西斯的宣传麻醉了"对极权主义声音的警觉，热衷于各种"意识形态"的蛊惑，而是极权主义的另一套机制，事实上让其拥护者从精神（平等感）和物质（"充分"就业）两方面获得了实在的利益。这也是极权主义统治下的所有人眼睁睁地看着他人无法抗拒地被剥夺一切时，对其保持缄默的原因。尽管如此，显而易见的是，极权主义的"成绩"不是以一种积极的方式来面对社会发展过程的缺陷，而是一种逃避。好比是说，当某个群体中所有人都普遍感到饥饿时，让每个人吃得更少，而非生产更多，来面对饥饿。这一切已经被历史证明不过是骗人的把戏。

德鲁克最后用"是奇迹，还是海市蜃楼"这一标题总结了极权主义的社会"成就"。纳粹的极权主义将生产的弊病转嫁给服膺纳粹统治的其他国家。德国无视市场需求的多余物质产品，被强制性地输入了东欧国家，表面上为萧条、收缩中的德国经济提供了繁荣的假象。事实上，这些远离市场需求的无目的生产让当时的普通民众陷入了物质丰裕的幻象，也注定了极权主义丧失经济理性所面临的终极命运。

回到阿伦特的"极权主义的起源"，她的解释并没有方向性的错误，也提到了人们在"资本主义的扩张"面前的迷失，然而她没有把握最重要的一点：经济理性本身。

　　通过德鲁克更具普世意义的"经济"视角，我们可以发现，所有的人类社会的根本问题在于：生产和交换。当一个社会的产品受到广泛欢迎时，社会的发展获得积极推动——人口增长、物质丰富。而当产品滞销时，就会出现消极的反馈。那么，德鲁克用纳粹德国极权主义这个历史个案向我们指明了积极的应对方式——用技术和文化上的变迁来改善不利的局面，而不是以削足适履的强制、极权方式逃避发展过程面临的问题。通俗地讲，当一个社群普遍感到饥饿时，不是让每个人吃得更少，而是用新方法、新技术或开发新资源，生产更多可供所有人获取的食物。"经济人的末日"，意味着"极权主义的起源"，德鲁克用 20 世纪的智慧和教训启发今日的人们，那些有关性别、民族或崇古、尚古暗流背后的隐喻。对现代性的坚持，是人们远离极权主义最好的凭借。

阿尔泰山南麓图瓦人的村落

本书作者在殷墟遗址考察

大雾中的偃师二里头遗址

黎明中的图瓦村落

贺兰山的驼队

榆林城"南控乌延"牌楼

嵩山中岳庙

位于河南济源的济渎庙

位于甘肃泾阳县城的西王母祠

《汉使持节护乌桓校尉出行图》，呼和浩特市和林格尔县东汉墓壁画摹本

穿树皮衣的黎族手艺人

使用踞织机的黎族妇女

商代的马车（殷墟遗址博物馆）

羽人竞渡纹铜钺（宁波博物馆）

殷墟妇好墓

殷墟妇好墓内景

从跑马山上俯瞰康定县城

从雅安进入川西高原的青衣江

康定城中的南无寺

3. 坚持启蒙的"神话研究"*

当我们打算评论一个连中文简介也找不到的作者的作品时，唯一正确的事情，就是先把他的生平介绍翻译出来。当我读完德国著名哲学家汉斯·布鲁门伯格的《神话研究》（上）后，便很想知道怎样的人生背景让这位与哈贝马斯齐名的作者写出这样一部著作。我先从"维基百科"中编译一段。

汉斯·布鲁门伯格（1920~1996）在十年之间（1937~1947，其间因二战中断过）学过哲学、日耳曼学和古典学，是近几十年里德国最著名的哲学家。身为天主教徒的布鲁门伯格因为有"半犹太"

---

*　本文为汉斯·布鲁门伯格所著《神话研究》（上）一书评论，原文发表于《南方都市报·阅读周刊》（2013年2月3日刊）。

血统，被所有德国正规教育机构拒之门外。1939~1941 年，他只好在帕德伯恩和法兰克福的神学大学里学习哲学，但在此学习阶段末尾也被迫离开。后在德尔格公司工作。1944 年，一度被羁于集中营里，在海因里希·德尔格出面后获释。1945 年后，布鲁门伯格在汉堡大学继续了哲学、日耳曼学和古典文献学的研习，1947 年以"中世纪本体论的起源"为博士学位论文毕业于基尔大学。1950年以"本体论的距离"——探讨胡塞尔现象学的危机——获得博士后资质。布鲁门伯格终生都为德国研究基金会理事会成员，历任多所高校教授。

为了准确而快速地进入他的这本著作，我们还可以先参考一下维基百科对其《神话研究》的简短评论：

是他创造了所谓的"隐喻学"（metaphorology），即认为潜藏于隐喻和习语之下的东西，其实最接近真实（并离形而上学最远）。在其后期作品《神话研究》（1979）中，布鲁门伯格受阿诺德·盖伦"人类是在面对'绝对真实'及其压倒性力量时，需要某些辅助观念的脆弱生物"观点指引，逐渐强调他观念中的人类学背景：他把神话和隐喻视作盖伦所理解的遥远、指引和救赎价值的等同物。这就是布鲁门伯格将绝对隐喻观念置于最重要位置的原因。无论隐喻最初是否是解说事物真实性的一种方式，是否是理解事物的一种形式，它们在科学中都趋于独立存在。现象可能会介于如下两种状态之间：或令隐喻完全呈现而失去其解说功能，或沉浸于隐喻所塑造的若有其事的体验之中。海德格尔和伽达默尔的解释学发现，"绝对隐喻"的观念对一个文化之观念的绝对重要性，好比在新柏拉图主义中，"光代表真实"的隐喻。不过，布鲁门伯格也提醒读者不要将神话的批判性解构，混同为对所有神话的彻底呈现。他的著作反映了其对胡塞尔的研究，该书总结道，从我们不断回到自身沉思的意象这一事实中可以发现，我们最终仰赖的是科学启蒙的主观性与其在人类学上的局限性。

尽管《神话研究》会让初读者陷入一种不容喘息的叙述压力之中，但以上的简介或许能让我们对其人、其书有一些初步印象，帮助我们了解他的人生经历是如何与研究交织在一起的。其实，对《神话研究》最好的评论莫过于该书英文版译者罗伯特·M.华莱士所作的长篇评论（该文中译本载于《色诺芬的品位》，2006），事实上这位华莱士作为布鲁门伯格主要作品的英译者，对其名下每一本布鲁门伯格的译作都做了非常详细的评论（见《色诺芬的品位》所属"经典与解释"丛书第7、10、13册）。

如华莱士所言，"在《神话研究》中，布鲁门伯格提出一个至少从17世纪末就已经困扰欧洲思想家的问题。那就是，古老的神话为什么没有随着世俗科学理性的凯歌高奏而烟消云散？它们如何能够继续左右着我们的文化学想象，甚至这种能力还有增无减"？与其说布鲁门伯格提出了这个问题，不如说他试图在本书中为这个困扰欧洲思想家几个世纪的问题寻求一个解答。

自工业革命、启蒙运动以来，神话（尤其是作为其载体的神学）便成为"科学"的对立面，成为被"启蒙"的对象。随着欧洲人在全世界的殖民冒险，除了神学院中研究的那些"神话"外，属于世界各地各种异文化的神话极大扩充了欧洲人观念中"神话"的范畴。在此之后，德国考古学家海因里希·谢里曼19世纪在小亚细亚的发掘，使荷马史诗中近乎文学虚构的特洛伊、迈锡尼和梯林斯古国从神话变成了真实。神话从此不再是人们生活的基本规则，而仿佛成了被理性驯服的远古巨兽。科学对宗教、对神话的祛魅，使理性主义在与神话的这一回合中取得完胜。

比布鲁门伯格年长许多的同胞恩斯特·卡西尔比前者更深刻

地体会到，原始主义"神话"在两次世界大战之间，使德国陷入民族部落主义癫狂。他在《国家的神话》中对神话的认识显然超越了"神话"的古老面目——"神话"并不仅仅属于"亚当、夏娃""伊利亚特""西西弗斯"，它也会随着时代变迁，演绎出一张现代面孔。既然神话本身会随着时代不断演化出现新的版本，那么神话的消散，又从何谈起呢？

正是在这双重背景下，布鲁门伯格开始了他的"神话研究"。德国在两次世界大战中的经历使他对 18 世纪历史哲学家那种"从神话到逻各斯"的进化观念保持批判态度，而有着集中营生活体验的他同时也不会失去对启蒙的追求。换句话说，他一方面延续了卡西尔对"神话"当代性的认同，并不把神话视作古老的遗迹；另一方面也保持了对神话背后原始主义的理性态度——在这一点上，他和列维－斯特劳斯的结构主义神话学有着相同的出发点。那么，要在这种情况下对神话进行研究，最好的方法，就是沿着解释学的路径，进入神话内部。

从布鲁门伯格的学术履历中，我们可以看到他所受的神学、哲学和古典学教育传统，在他的神话研究中起到的作用——在所有神话中游刃有余，尽管对不熟悉文本的读者来说，有些头绪难理。解释学方法的根本出发点，就是通过对文本的描述，使文本背后隐藏的意义自然呈现，以揭示"隐喻"的重要位置。比如，他在解释"启蒙，既不想再度回归于文艺复兴时代，也不认为必须最后裁定古今之争……"时提到，"《圣经》中的上帝命令亚伯拉罕献祭他年迈所得唯一的爱子……在这个上帝身上，启蒙时代也仍然更多地看到了希腊神话的对应情节。……就对神话和《圣经》展开的道德批评而言……《圣经》里的上帝是否真的认识到了亚伯拉罕的虔诚，是否真的用动物代替了活人献祭，这都是无关紧要的。绝对重要的是，父亲－上帝间接地构成了道德批评的目标"。

在这个例子中，布鲁门伯格通过对亚伯拉罕用爱子献祭的叙述，发现了该主题被多次使用，有时来自《圣经》，有时来自希腊神话的对应情节。而这些都不重要，重要的是引用该叙事的叙述者所施予的目的：构成了道德批评的目标。在这里，布鲁门伯格已经非常接近人类学的观点：神话为人类的行为提供了合法性的依据。而这种合法性的取舍，会随着时代背景的变化而改变。正如"西西弗斯"神话，既隐喻了不知反省的欲望（反面），同时也是不倦的追求（正面），对哪种意义的取舍都离不开时代的烙印（同样的还有"浮士德"或"弥赛亚"神话）。那么，当读者们了解了1940年德国占领法国的历史，便不难理解古老的瘟疫神话隐藏在加缪《鼠疫》中的原因了。

那么，顺着这个思路重新走入《神话研究》一书，我们便会发现，对神话内容的大量叙述，其实都是通过描述现象学方法揭示神话隐喻的意义。神话之所以不朽，正是因为每个时代的人们都需要通过某些先驱的事迹为自己找到行为的合法性。"谁要认为'一个终极神话'的种种形式都是陈年旧迹的话，那他就大错特错了"，布鲁门伯格如是说。

尽管布鲁门伯格就"基本神话与艺术神话"做出的分类仍可进一步推敲，但他在本体论上，至少为我们进入神话内部指明了一条道路：神话真实地活在当下，回到神话文本的叙述本身，是揭示某种隐喻的关键所在。而意识到并揭示神话之隐喻的目的，既是"把神话带向终结"的方式，也是为了如他在《现代的正当性》中所表达的那样：把启蒙进行到底！

4. 他解读了普罗米修斯 *

无独有偶

　　此前有朋友让我给她谈一下恩斯特·卡西尔的《国家的神话》。作为一本谈论"神话"的著作，卡西尔在书里花了大量篇幅谈论了《理想国》、马基雅维利、黑格尔和启蒙运动，这让她对全书主题的联系、导出的结论感到非常困惑———神话难道不是黄帝、哈努曼，

---

* 本文为汉斯·布鲁门伯格所著《神话研究》（下）一书评论，原文发表于《南方都市报·阅读周刊》（2014 年 10 月 12 日刊）。

或耶和华吗？我给她的建议是，回到该书的"文本"。

卡西尔是一个生活在德国纳粹上台时的犹太人，他目睹、经历的一切，就是他所扬抑、抗争、批判的一切。他在书中主要的三个部分，分别讲述了：第一编"什么是神话？"，神话是一种人造物，是人类"发明"出来的东西——既然神话是人类在某个时刻出于某种需要，人为制造出来的，那么人们就不必把神话当成不容置疑的"圣旨"。这是解构神话的第一步。第二编"反神话的斗争"，说的是因为"神话"不是天经地义的，历史上的人们就不断进行着从神话束缚中自我斗争、自我解脱的过程。哲学家、宗教改革者、政治学家都在和古往今来的"神话"做斗争。第三编就很容易理解了。分析了神话的"人造性"，以及古代人破除神话之魅的过程后，卡西尔回到了当时德国的政治现状。卡西尔的褒贬是很明确的，他批评了"英雄崇拜、种族崇拜"，赞扬了黑格尔的求"真"、理性。只是，避居他国的卡西尔对当时的德国政治已经无能为力了。

我翻起写字台上已经放了有一段时间的《神话研究》（下），忽然醒悟，汉斯·布鲁门伯格是可与卡西尔印证、对照的。

原因很简单，卡西尔和布鲁门伯格都是德国人，前者明明白白是犹太人，后者据说有着一半犹太血统。卡西尔在德国排犹后流亡瑞典，二战结束前夕死于美国；布鲁门伯格因为血统原因被德国正规大学拒收，一度被关在集中营里，但幸运地活到了 20 世纪 90 年代。虽然布鲁门伯格的这部作品差不多晚了卡西尔四十年，但书中相同的关键词，的确为我们解读作品提供了非常重要的线索。两个德国"犹太人"思想家，都选择"神话"作为自己的主题（卡西尔还有《神话思维》《语言与神话》，布鲁门伯格则对《圣经》研究颇丰），很可能并非巧合。

一个案例

　　如果说卡西尔习惯用许多个案讲述一个道理，那么布鲁门伯格的《神话研究》（下）就是用一个个案来讲同一个道理。《神话研究》的中译本分为两册，实际是把德文版的 *Arbeit am Mythos* 分割成了两个部分。上册部分类似《国家的神话》的第一编内容，综合了包括《圣经》在内的古代神话，力图证明神话并非一成不变的上古经典，而是可以被人为使用、自由裁剪的现实箴言。从而得出了一个非常接近人类学的观点：神话为人类的行为提供了合法性的依据。那么在被划入中译本下册的第三部至第五部中，他就需要为这个观点提供一个非常具体的案例，这个案例讲的是著名的"普罗米修斯"。

　　普罗米修斯为人间盗天火，被宙斯绑在高加索山上，派巨鹰啄食肝脏忍受痛苦的故事，我们或多或少都曾听闻。但在这个神话流传的早期版本中，这一形象并不如我们想象的那么固定。像大部分古典学者一样，布鲁门伯格引用了现存的提到该神话的最早版本——公元前 8 世纪希腊诗人赫西俄德的《神谱》。在这个版本中，普罗米修斯有两个主要的故事，一个是众所周知的盗天火，另一个则是普罗米修斯为包括宙斯在内的众神分配牲肉，他故意把牛骨头分给宙斯，只在那份的上面用一块肥肉盖住。这显然为宙斯后来的愤怒埋下了伏笔。

　　在这个令人哭笑不得的故事之后，普罗米修斯迎来了他最出色的改编者——古希腊剧作家埃斯库罗斯。他的《被缚的普罗米修斯》完整流传到了今天。对于这部戏剧的意义，中译者罗念生先生曾给出了非常准确的评价："普罗西修斯在赫西俄德的诗中是个歹徒、是个骗子，在阿提刻是位小神；但是经过埃斯库罗斯的塑造，他成为一位敢于为人类的生存和幸福而反抗宙斯的伟大的神。"在此之后，普罗米修斯就和那个"歹徒""骗子"，或者"小神"的形象暂时告别了。

　　然而，即便普罗米修斯神话的具体表述被基本确定了下来，并不表示普罗米修斯的个体形象也有了固定的形态。恰好相反，普罗米修斯本身作为一个可以援引的符号，拥有了修辞上的全新意义。可以见到，在柏拉图的《普罗泰戈拉》中，普罗米修斯还和兄弟厄庇庇修斯一起，"用土、火及其混合物创造了生灵"——人类，布鲁门伯格这样观察道："在悲剧里面，普罗米修斯已经备受赞美，因为他将人类从命定渊薮的魔咒中解放出来，而造福于芸芸众生。"同时，在《智术师》中普罗米修斯的行为，被智术师们引申为对城邦公民的教导和指引，在柏拉图和布鲁门伯格眼中则成为一种"欺骗"。也就是说，从一开始到往后，普罗米修斯就是两种极端表述的复杂集合体：人类智慧、技艺的启蒙者；或者是，越俎代庖的施惠者，"人类败坏的始作俑者"。

各取所需

　　众所周知，普罗米修斯与众多古典文献再次被欧洲人发现应该在中世纪结束之后了。站在文艺复兴、启蒙时代的门槛上，经过千年沉睡的普罗米修斯以其非常鲜明的主旨和与众不同的结构，给那个时代交替之际的思想家们提供了自我表达的符号。

布鲁门伯格发现，每个可以举出的文艺复兴以后的著名学者都引用过普罗米修斯的形象。薄伽丘"将工匠之神与造物主等同起来"。霍布斯则"运用普罗米修斯神话的寓意解释来说明君主制的优越性"。从培根、卢梭到狄德罗，每个启蒙思想家都喜欢引用普罗米修斯。

布鲁门伯格花费非常巨大的篇幅讨论了歌德对普罗米修斯的塑造。这位崇拜拿破仑的德国诗人，在不同时期，将盗火和被束缚的普罗米修斯分别对应到拿破仑事业颠簸的不同阶段。如果没有来自恩斯特·卡西尔的启发，读者们一定会被布鲁门伯格为歌德写作的巨大篇幅感到无比压抑；但有了卡西尔的启迪，我们可以顺利发现，普罗米修斯神话还是那个神话，只是在不同的时刻，引用者们自由选择、裁剪了其中契合时代的篇幅。

此后，连马克思也选择了自己的普罗米修斯，"普罗米修斯更像一个恶意的精灵，他把天火作为礼物抛向人间……还让他们第一次屈服于异化事物的外在强制，让他们纠缠于所有制的网络中"——看来他不是很喜欢这个越俎代庖者。弗洛伊德 1920 年的版本是布鲁门伯格全书最后记录的对该神话的使用，这也是全书最后提供普罗米修斯文本版本的编年，再往后，童年成长于魏玛共和国时期的布鲁门伯格将要经历所有犹太人共同的悲伤岁月了。虽然，他有意不再提及普罗米修斯在 1920 年之后的经历，但以卡西尔观之，这则举世瞩目的神话，同样不会逃过"国家神话"的命运。

一种神话阐释学

　　布鲁门伯格的《神话研究》在很大程度上会让一般意义上的"神话"爱好者感到迎面而来的失望（这种失望和阅读卡西尔的神话研究是一致的）。阅读起来虽不算生涩，但也绝没有痛快淋漓之感，逻辑上也失之简明。他甚至没有完成一个经典神话的讨论，甚至没有关于普罗米修斯神话母题的分析，也没有类型学方面的讨论，最多涉及一些版本学方面的排列。

　　事实上，这并非布鲁门伯格的疏忽所致，他根本没有在意这些，他想要做的是对神话的阐释：一个神话是如何被古往今来的人们利用，并成为一种思想资源的。更简单的说法，套用那句名言："一切神话都是当代神话。"古老的神话能为人们当下的行为提供重要的合法性，效法前人能让今人的所作所为"名正言顺"，然而，这种力量也可能成为施暴的爪牙，恐怖的帮凶，塑造出布鲁门伯格不愿提及的那个年代。

　　那么，在这些攸关命运的时刻，澄清神话背后蕴含的多元取向，以及复杂的形成历史，或许能为负压之下的社会，消解"神话"所助长的话语，提供一剂解药或镇静剂。在这一点上，布鲁门伯格至少没让普罗米修斯感到失望。

5. 走出"神话"的王国*

  "神话"是一个属于 20 世纪的词吗？看起来，神话早已离我们分外遥远，尤其是在科学精神已经大行其道的 20 世纪，然而神话真的就远离我们而去，成为故纸堆里的尘埃一缕了吗？

  怀着这个疑问，我开始了《二十世纪的四种神话理论》的翻译工作。这本由美国宗教学家伊万·斯特伦斯基在 20 世纪后半叶完成的著作，胪列了四位 20 世纪"神话"研究领域最著名的思想家：恩斯特·卡西尔、米尔恰·伊利亚德、克劳德·列维－斯特劳斯，以及布劳尼斯拉夫·马林诺夫斯基。

---

* 本文为伊万·斯特伦斯基所著《二十世纪的四种神话理论：卡西尔、伊利亚德、列维－斯特劳斯与马林诺夫斯基》一书评论，原文发表于《南方都市报·阅读周刊》（2012 年 9 月 9 日刊）。

斯特伦斯基告诉我们："走近这四位理论家时会发现，他们涉足神话的因缘各异，对我们来说有着意想不到的缘由。他们的神话概念与理论迥然不同，可予讨论之处寥寥无几。"大家都用到"神话"一词，但每个人说的神话却都不太一样，难道连"神话"的研究者们也没有了共识？

斯特伦斯基的发现确实如此，每个研究者确实都像在自说自话。可研究者自有方法，祭出"语境主义"研究的方法，问题自然迎刃而解。什么是语境主义呢？简而言之，就是将作者的作品还原到其产生的语境之中，从内部（作者的心路历程）和外部（时代、社会背景）两方面揭示作品创作的理路。

当我们把这些神话学家的作品还原到历史文本当中，就会发现，神话真的没有离我们而去，相反，它们在 20 世纪中的活跃，几乎塑造了我们的时代。

在卡西尔的德国，瓦格纳著名的《尼伯龙根的指环》及其剧场仪式，"将日耳曼神话的训诫给观众留下难以忘怀的印象"。这与德国露天庆典仪式不谋而合，在恩斯特·瓦克勒的指点下，这种集体聚会的形式于 19 世纪初登舞台。在工业化国家的道路上，统一德国的普鲁士，亟须创造一种拥有凝聚力的"新传统"，塑造一种"民族精神"。他们从日耳曼传统中找到了被称作 Thinge 的露天庆典仪式，"'民族精神'运动不但需要将他们的行为建立在条顿神话想象的榜样下，而且需要将这些神话建立在仪式表演上，这些仪式表演，用'民族精神'世界观发展出来的庆典仪式，将整个社会裹挟进来"——并在后来为纳粹继承，成为他们组织大型群众膜拜奇观的基础。

这些日耳曼神话与当时德国的关系，让卡西尔在《国家的神话》中写道："可以清楚地指出，绝大多数神话主题不是自然过程，而是起源于对祭礼的模仿。"

另外，现代化过程带来的种种问题，给了韦伯笔下德国"文化贵族"们质疑"现代"的可能，这些远可祖述歌德、海涅，近可加上拉康、海德格尔的"浪漫主义者"开始了对德国（日耳曼）民俗／传统生活的怀念——这也是德国"民俗学"，和各种"原始主义"思想的起源——浪漫派试图用"传统"对抗"现代"，在其努力阻止社会发生"异化"的同时，也因其"理念中包含犹豫不定与天真空想，很容易被纳粹的浪漫主义宣传所利用：他们的理念抛弃了对功利与实用的具体关怀，将这些必要的社会因素拱手让给那些或者缺乏能力，或者有心投机的人"。

人们一次次重演乡村中举行的仪式，试图用那种想象中继承了神话时代之"传统"生活的方式，用"民族精神"团结仪式的参与者们。"在这种自然的野山野水和仪式的疯狂乱舞场景中，民族的'生命力'潮水般地涌向参与者，治愈着现代性带来的各种病症"，但在卡西尔看来，这些仪式只是"一种麻醉剂"，蒙蔽的就是"人类的理性"。

卡西尔指出了神话与原始主义的关系，他从启蒙运动中汲取了丰富的传统，他富有启迪性地向我们指出："'原始'不光意味着情感、传统、仪式、自然和'简单'：它还意味着非理性、传统束缚、不发达、经济落后与迷信。"他的神话理论，与其说是讨论了一个原始的想象，不如说是明确告诉我们"纳粹强权对神话的政治利用"，并一再提醒"思维敏锐的思想家们能够如何反抗这种滥用"。时代变迁，包着浪漫外衣的"原始主义"依然使我们在现代性面前表现得犹豫不决，卡西尔对神话的剖析不失为知识分子保持清醒头脑的良方。

这样看来，神话理论家所处时代的"神话"，是他们神话理论

的源头。卡西尔面对的是德国"文化贵族"们的原始主义和魏玛共
和国民主制度向纳粹仪式的让步。伊利亚德生活在二战之前的罗马
尼亚，同样深罹现代性困境的罗马尼亚选择了民族主义、民粹主义
的道路。

当时的罗马尼亚，臭名昭著的反犹主义团体"铁卫团"首领科
德雷亚努，被描绘成"骑着白马，穿着罗马尼亚农民节日长袍，被
崇拜者簇拥。科德雷亚努与其军团聚集在乡村教堂前，向人们发表
演说，许多人手持燃着的蜡烛和神像，参拜聆听大英雄的声音。这
里实际展现的，是一位天才领袖的形象，他把虔信与政治糅合成一
股巨大的力量，将罗马尼亚引向民族的复兴"。

这同时集合了民粹主义、宗教、传统主义、政治与复兴主义
的当代"神话"，也是法西斯与反犹主义的神话。面对这样的人造
"神话"，伊利亚德选择成为一名作家，他写出了一部至今未有中译
版的作品《禁林》。

拿什么来拯救"神话"—— 一个冠冕堂皇、完美得几乎无懈可
击的神话——和马尔克斯、博尔赫斯这些同样经历过极权主义社会
的作者一样，"荒诞"成了他最重要的武器，用另一个荒诞的神话，
用戏谑、光怪陆离的幻想神话，却击碎那个"一本正经""高高在
上"的神话。是神话赋予了颠覆另一个神话的力量，这种"荒诞"
的力量或许就是解构主义的源头。

细数下来，每个神话学者都有他们的时代与神话，马林诺夫
斯基有他失去传统，正日益变得支离破碎的波兰故国需要惦念，神
话为他的秩序理想提供了重要的基石。而对于列维－斯特劳斯来
说，现代性同样并不十全十美，那些迷信计划主义，崇拜工业化管
理，鼓吹"社会神话"的信徒——相信"一个规划得当的工业文明，
承诺这拯救现代社会的重任"——极有可能变身为"那种革命加电

气化、权谋政治加工业化的斯大林主义"者。而这与现代性所追求"个体主义"、对艺术自治自由的崇尚正好相背，于是，列维－斯特劳斯在《神话学》中用"自然"对抗社会神话的策略，就构成了他的神话理论。

走过 20 世纪，神话并没有离我们而去，它就在我们身边。在追求现代性的过程中，原始主义、民粹主义、浪漫主义、传统主义、复兴主义，乃至斯大林主义都曾身披神话的外衣。如今，我们既要观察那些身披汉服、顶礼膜拜的传统主义神话，同样也要关注崇拜商品、鼓吹增长的消费主义神话。因为这些神话在 20 世纪中早已上演多次了，而这本《二十世纪的四种神话理论》或许是本不错的借鉴。

6. 千人缘为一面：探索神话中的英雄之路[*]

据说乔治·卢卡斯在写作《星球大战》剧本时，受到一个神话研究者很大的启发，这人正是约瑟夫·坎贝尔。美国人坎贝尔是一个非学院派的学者，在 20 世纪 70~80 年代名噪一时，集半生精力研究神话而成的《千面英雄》就是他的成名作。令人感兴趣的是，他的神话研究究竟如何影响了《星球大战》的创作。

在最新的《星球大战 7·原力觉醒》中，抵抗力量的飞行员受到黑暗势力的追杀，因为他携带着可能找到传奇武士天行者卢克的

* 本文为约瑟夫·坎贝尔所著《千面英雄》一书评论，原文发表于《新京报·书评周刊》（2016年 5 月 7 日刊）。

地图。飞行员在迫降后，将地图交予球形机器人 BB-8 保存。BB-8
遇到拥有正义感的主角少女蕾伊，整部电影讲述了蕾伊如何经历
身心考验，激活了自身体内的超级力量——成为绝地武士必需的原
力——并最终找到天行者卢克的故事，为下一部续集中击败黑暗帝
国做了铺垫。

我们的确可以把这样一部以太空、外星沙漠、形形色色外星人
为背景的科幻电影称作当代神话。那么这部极富想象力的影片是如
何呈现诸多神话元素的呢？

神话到底是什么？

无数天才学者都研究过神话。坎贝尔认为，"现代知识分子认
为神话在以原始、笨拙的方式解释自然世界（弗雷泽），它被后
世误解为来自史前时期的诗意的幻想（穆勒），是在塑造个体时
使之适应群体的预言性知识库（涂尔干），是体现人类心灵深处
的原始欲求的群体梦境（荣格），是人类进行最深刻的形而上学
的洞察的传统工具（库马拉斯瓦米），是上帝给他的孩子们的启示
（教会）"。

但是，这些研究并没有取得十足的进展，"因为当我们不是
从它是什么的角度，而是从它如何发挥作用，在过去如何为人类
服务以及如今如何为人类服务的角度来审视时"，我们就只是把
神话作为某些事物的结果，而非原因来理解了。和弗雷泽、涂尔

干、卡西尔这些神话研究者不同，坎贝尔的研究方法更为传统，也更为有效。更确切地说，涂尔干等人研究的是神话的"社会功能"，人们为什么需要神话，以及神话是如何影响当代人的生活与行为的。而有着深厚比较文学积淀的坎贝尔则避免了这种"功能主义"，他研究的不是"神话有什么用"，而是"神话到底是什么"。

从他的演讲录《追随直觉之路》中可以得知，他年少时前往北美印第安保留地时，就被原住民文化的丰富性深深吸引，从此种下理解异文化的种子。之后他到德国等地进行比较文学研究，从"最古老的苏美尔史诗中，太平洋岛屿、西伯利亚森林和非洲大草原的民间故事里，乔达摩·悉达多和耶稣等伟大的宗教英雄的传说中，精神病患者的病例记录中，在乔伊斯和曼这类作家的现代小说里"，进行了大量分类、比较、分析工作，发现了普遍存在并反复重现的"英雄历险故事"。

他把这种故事描述为：一位英雄从日常的世界勇敢地进入超自然的神奇区域；在那里遇到了传奇般的力量，取得了决定性的胜利；英雄带着这种力量从神秘的历险之旅中归来，赐福于他的人民。

英雄之路的"模型"

从这个角度来看，从《奥德赛》《阿尔戈英雄纪》到《阿拉丁》《西游记》乃至《小红帽》之类的神话或传说故事，都可以如此进行阐释。英雄伊阿宋接受了盗取"金羊毛"的任务，和希腊众英雄驾船启航，前往黑海东岸。途中遭遇险阻，有海妖的诱惑，也有女神的嫉妒。终于抵达目的地，赫拉让公主美狄亚爱上英雄，告诉他获得宝物的秘诀，伊阿宋成功盗取金羊毛，与美狄亚返乡成婚，继承王位。

英雄孙悟空接受任务护送三藏法师去西天取经，途中经历各种妖魔鬼怪的挑战，被英雄一一克服。完成任务的取经人，带着宝物经书和修成的正果从历险中归来，赐福民众。

从这些故事中，坎贝尔归纳出了神话传说的简单模型：这是一个关于英雄"启蒙—启程—考验—归来"的叙述。用这个模式来解读卢卡斯拍摄的《星球大战》系列就易如反掌了。

少女蕾伊是平凡的女孩，生活在外星的沙漠边缘，她并不知道自己具有让原力觉醒的超强力量，直到携带神秘地图的球形机器人的出现。从地图中，少女明确了自身使命（启蒙）。她打破了外星生物的牢笼，和飞行员一起踏上太空历险的道路（启程）。她在旅行中和黑市首领相遇，和抵抗力量并肩作战，并觉察到自己体内的原力，经历战火洗礼，召唤出强大力量（考验）。最终击败了帝国舰队，找到了传说中的绝地武士，为人类带来了希望（归来）。

同样的结构几乎能套用在任何一部好莱坞商业影片的冒险传奇中，无论是《阿凡达》还是《火星救援》，都上演着这样一个英雄远征、历险归来的基本故事。

在神话研究的领域，坎贝尔的确发现了这样一个惊人的秘密，从太平洋沿岸到远隔万里的大西洋，我们能找到的神话都符合这样的模型。这又是什么原因呢？

英雄的历险与贸易

坎贝尔发现的神话英雄"启蒙—启程—考验—归来"的普遍叙事结构，也是他将自己的神话学大作称为《千面英雄》的原因——千人缘为一面。

他归纳出的普遍模式，实际上将"英雄"的个人活动置于一种动态的视角之下。神话的发生需要英雄离开自己的故乡和熟悉的土地，前往一个异域历险。这个历险中遭遇的人物和事情都来自与他生活故土迥异的世界。英雄的历险经历，与其说是打败了邪恶的超自然力量，不如说是英雄成功适应了新的环境，实现了对自然的征服。那些从异域获得的宝藏，与其说是英雄靠武力夺取而来，不如说是通过物质交换手段，平等换取而来。当英雄回到自己的故乡，那些从异域带回的宝物以及获得宝物时完成的不可能实现之任务，为他或她赢得了威望和地位。

这就表明了一种非常本质的人类现象。英雄的冒险之旅，其实就是一次前往异域的物质交换之旅，换一个我们现在常用的词，就是"贸易"。

正如从黑海收获的"金羊毛"让伊阿宋得到希腊民众的拥戴，继而为王，在《西游》故事中，三藏法师用他的金钵换来了真经，使他成了一位"集大成者"。人们前往异域的目的是获得一些本土所没有的物品。那些物品虽是异域的寻常物什，却是英雄所在的本地无法生产的独特之物，因此，能经历遥远旅途的考验，最终获得这些物品之人被人视为勇敢的英雄。人们赞美那些能取得这些成就的人，把他们获得异物的事迹当作值得歌颂的对象，便成为神话的本质素材。

由此可见，贸易活动几乎可以算得上是人类社会有史以来最悠久的一项文化互动，完成这项成就的冒险之旅，成为所有人类社会底层的共有记忆。每当社会遭遇灾难、饥饿或是严重的物质匮乏，神话所传递的"通过和远方异文化社会进行物质交换，就能摆脱匮乏"的信号，就激励古老神话的当代信徒重新踏上历险之路，希冀获得所谓的"复兴"。

坎贝尔所呈现的神话的本质，就表达了一种与远方之人保持交往，通过与他们的联系和物质交换解决本社会困境的积极文化方案。这也为神话中普遍的"伊甸园""天堂"观念创造了想象的基础——天堂在远方。正因为遥远的异域提供了本社会没有的"珍贵之物"，那么这个除了英雄之外的普通人无法前往"贸易"的远方国度，便被人想象成物质极大丰富、遍地流淌"蜂蜜与牛乳"的完美彼岸。

当本社会遭遇灾难时（比如，饥荒、疾病、战乱）前往神话中的彼岸，成为人们追求的方向。或通过移民的方式，前往更好的国家，或幻想在死后进入一个平等而没有苦难的伊甸园，或利用神话提供的彼世憧憬，从世俗生活中召唤一位"超人英雄"，促进社会团结，实现社会改变。

不管怎样，这些都是古老的神话为当下人类社会提供的选项。无论选择哪种方案，这一建立在贸易互动基础上的文化实践，都可以从坎贝尔有关《千面英雄》"启蒙—启程—考验—归来"的叙述中，找到自己的答案。

外三篇　刹那成永恒[*]
——人类学视野中的"告别仪式"

一　踏上归途：奥德修斯的告别

"（国王）阿吉诺回答道：'奥德修……我会不让你饱经苦难之后又走回头路，再度在海上漂流的。……在这个精雕的箱子里已经放好腓依基的长者拿来送给客人的衣裳和精巧金器等等礼物；我们大家现在要再送给他一个大铜鼎和铜盘……'

"……当那初生的有红指甲的曙光刚刚呈现的时候，他们去到

* 本文原刊于《小阅读》2014 年第 6 期，广西师范大学出版社。

船边，带去令人惊羡的青铜器皿。……然后大家都到阿吉诺王的宫殿里去准备酒宴。阿吉诺王代表大家给乌云之神，主宰万物的阆阆之子宙斯献上了一头牛；他们烧了牛骨，进行酒宴娱乐；那位受大家尊敬的神奇乐师德谟多科就在众人中间歌唱。

"……（奥德修）对阿吉诺：'众人中最显耀的阿吉诺大王，现在请你奠酒，然后送我安全回家吧；我祝你们快乐；我所希望的事现在已经实现，这就是你们给我的友好赠礼和护送；我希望天上的群神允许我有这个福气，希望我能到家……'

"他这样说；他们称赞他的话，都同意送客人启程，因为他讲话得体。阿吉诺王就对使者说道：'庞托诺，你把碗里的酒搀好，分给堂上所有的人，我们好向宙斯祈祷，然后送客人还乡。'

"……英雄奥德修站起来，把双耳的酒杯送给阿瑞提，就向她认真地说道：'王后，再见了，希望你永远快乐，直到老年和死亡到来的时候，那是凡人命中注定的。我要走了，希望你在家里同你的孩子、臣民和阿吉诺王共享幸福。'"

再往后，离乡十多年的特洛伊英雄奥德修斯在经历了无数历险之后，终于最后一次真正踏上返乡的归途，回到了希腊故乡。这段来自《荷马史诗·奥德赛》（第十三卷）（杨宪益译本）的叙述，或许是古典时代最著名的一次"告别仪式"。奥德修斯在船只失事后，独自一人漂流到腓依基人那里，通过向国王阿吉诺讲述自己的经历，荷马用倒叙的手法让特洛伊之战后希腊联军的经历生动地呈现在我们面前。

为了感谢奥德修斯的精彩故事，腓依基人为他准备了盛大的告别典礼，除了丰富的赠礼"衣裳和精巧金器"、"大铜鼎和铜盘"和"青铜器皿"外，还用"一头牛"献祭、"酒宴娱乐"，最后宾主双方举杯致辞，正式道别。如果我们还记得在第五卷时的另一次告别，

"美貌的女神卡吕蒲索给奥德修沐浴，穿上熏香的衣服，送他离开海岛。女神在船上放上一皮囊的纯酒，还有一大皮囊装着清水，还有一袋干粮和很多好吃的菜肴；她又给他一阵温和的顺风"，相比之下，后一次告别显然要盛大而且隆重太多。

不同于我们印象中的"告别仪式"，荷马笔下奥德修斯式的"告别"充满了喜悦和期待。因为对于《奥德赛》，这只是这部史诗一半篇幅的暂时休止。告别的双方，腓依基人那边，充满了感谢和喜悦，他们得到了一个极为精彩的长篇冒险故事，并对此次收获非常满意，这可以从他们给出的丰厚赠礼中看出；而对奥德修斯本人而言，这还只是他将要抵达故乡展开新故事的序曲，是对他非常渴望告别过去经历的道别。

二　辞旧迎新：人类的告别

人类历史上的仪式，已经被研究了很多，婚礼、葬礼是其中最著名的。欢迎仪式、儿童命名仪式，入学仪式（开学典礼）、奠基仪式或开幕式是我们印象中马上能想到的，甚至"过渡仪式"也被著名的范·盖内普揭示并研究过了。唯独"告别仪式"，它不似欢迎仪式那么讨人喜欢，没有婚礼那么热烈喜庆，甚至没有葬礼那么庄严肃穆，当然，我们可以认为葬礼其实也是一类非常特别的告别仪式。

我们很少特别注意告别仪式，因为"所有的仪式其实都是告别仪式"。以"婚礼"来说，婚礼虽然是人们步入人生下一阶段的起点，但换个角度来讲，也是向婚前单身、独自生活、打拼阶段的告别。无怪乎，有人要在婚礼之前举行一个"单身派对"，以此来对之前的"自由"生活作一告别，那么这个表现为"单身派对"的告别仪式也可以视作婚礼的序曲。同样的道理，儿童命名仪式，同时也是孩子告别"乳名"，并取得"学名"的仪式。

其至葬礼，在欧亚大陆那些流行"祖先崇拜"的文化中，个体的去世并不代表他/她生命的终结，这只是其生命新阶段的起点，因为在去世之后，逝者便将成为"祖先"的一员，以另一种身份继续关照在世的家人。人类学家拉德克利夫－布朗记录了东印度洋安达曼岛上著名的"二次葬"习俗，就包括："服丧期结束时要做到事情有：（1）挖起死者的骨骸；（2）举行一个舞会，所有服丧者都参加……从地里挖起或从树上取下骨骸，哭泣一番，然后拿到大海或小海湾里洗干净，再带回营地。妇女们在营地里迎接骸骨，又哭一回。"此后，"土著会将已故亲属的头骨和下颚骨保存很久，并挂在胸前或背后"。看来，人生的终点并不意味着永久的离别，一次告别只是又一个新的开始。

这样对待"诀别"的方式，在中国的文化中同样具有悠久的历史，比如《礼记·礼运》就提到，"故天望而地藏也，体魄则降，知气在上"（人们向天招魂，把尸体葬在地下；体魄随尸体藏入地下，而灵魂则升上高处）。不仅如此，葬礼上的种种祭品也表明人们在处理这一最特别的"告别仪式"时，仍以最普遍、一般化的"告别"等而视之。荷兰汉学家高延在《中国宗教体系》（第二卷）中对中国的葬俗总结过："在上古时代，生者将死者留在住所，希望他们能够复生，并且在尸体旁边摆好饮食，为了让仍在尸体边上徘徊的魂魄，在觉得饥渴的时候，能随时回到躯体。"

由"摆好饮食"这些习俗或许可见，哪怕是阴阳两隔最为悲伤的"诀别"，也保留了"告别"仪式最本质的一些要素。那么这些最本质的要素又是什么呢？

三　何日君再来：告别仪式的本质

看过了古典时代的"告别仪式"，观察了告别仪式中最特殊的"生离死别"，如果要给"告别"行为找到一些更具有普遍性的解释，我们不妨再看一段晚近时代最为常见的告别。

在《蒙古的人和神》中，丹麦探险家亨宁·哈士纶在离开土尔扈特的驻牧地时，他的蒙古"朋友们和善意的祝福者挤满了我们周围。仆人们带来了告别礼物，以隆重的仪式赠送给我并装上布兰德驮架，当礼物越来越多乃至超过了马匹负载能力时，僧钦立刻送给我一匹新驮马……正当我把脚踏进马镫，骑上我的新坐骑时，土尔扈特人唱起了他们的告别歌"。

在这里，我们再次看到了越来越多的"礼物"，这和奥德修斯的"衣裳和精巧金器"、"大铜鼎和铜盘"以及葬礼上的"祭品"似乎保持了某种一致性。在告别的仪式上，虽然有着各种各样情感上的祝愿和宴请，但最不能少的却是给予离开者的"赠礼"。鉴于在大多数记录告别仪式的文献中，道别之后，双方便极少有机会再度重聚，我们很难了解此类仪式的真正目的；但是经过上文的分析，我们已经知道，告别仪式既是过去时的告断，又是将来时的开启。

那么如果要揭示告别仪式的本质，我们就需要将告别前和告别后的经历放在同一个文本中加以解读。

　　幸运的是，人类学巨擘马林诺夫斯基给我们提供了非常重要的线索。在著名的《西太平洋的航海者》这一经典民族志当中，马林诺夫斯基描绘了太平洋海岛居民的航海旅行。他们需要驾驶小舟前往不同的岛屿，与其他岛屿居民交换一些用于装饰的贝壳饰品，这种活动有一个专门的术语——"库拉"交易。当人们启航之前，"下水仪式和交付仪式也是在 walaku 中事无巨细地一一遵行。启航前杀猪也是大型库拉航行的一个特色……"不论这些与告别有关的仪式有多精密，马林诺夫斯基指出，"所有出航的船只都不能携带任何 aygu'a（礼物），我们应该记住，库拉航程的主要目的是收集礼物……"

　　即使此时还没有"道破天机"之感，我们已经有足够的材料细细梳理一下关于"告别"仪式的逻辑了。太平洋岛民们空手航行前往其他岛屿，从其他岛屿带走重要的贝壳饰品。而其他岛屿的居民也会空手前来，临走时获得赠礼。正是因为这些走访和赠礼，岛屿之间的物品得到交换，人们之间的友谊获得交流。没有人会为告别感到伤感、抱歉，因为所有人都明白，一次离别促成了下次的重逢。

　　回到我们熟悉的现代社会，丹麦探险家哈士纶在告别仪式中，取走了土尔扈特王公的礼物，是因为他作为斯文·赫定探险队的一员，将来会有机会给汗王带来包括电报机在内的现代技术。而奥德修斯回归之后，希腊人在黑海沿岸的探索同样丰富了阿吉诺国王的宫廷。古往今来，告别仪式始终发挥着人类交往重要媒介的作用，事实上，告别仪式的本质就是人类社会最为普遍的交换仪式的一个分身。人们通过"告别"来期许下一次相见，无论是中文的"再见"或英文的 see you later，法语的 au revoir，都具有"再一次相见"
的意思。正如在告别仪式上，人们往往给客人赠送厚礼，其实是
希望，在下一次再遇到时，主客互换位置的客人（之前的主人）一
方，可以获得同等（或更丰厚）的礼物。只有这样人们的交往才能
绵绵不绝，友谊长存。

　　所以，我们可以说，告别仪式本身从来不是悲情或伤感的。然
而总有不确定的因素伴随着本该周而复始的交往过程，一旦出于
不可抗拒的因素使"相见时难别亦难"，那种"今宵离别后，何日
君再来"的伤感才油然而生。"瑶池阿母绮窗开……穆王何事不重
来？"残酷的生活总不免打搅到本该再次开启的交换之旅。尽管我
们已经知晓"告别"并非生活的终点，但生命总在向前，生活的羁
绊或许会耽搁归期，"花有重开日，人无再少年"，与其等候下一次
重逢，不如更加珍惜今宵团聚的幸福，使刹那成为永远的时分。

7. 体育神话的真正源头*

　　奥运如约而至。现代奥运会创始人顾拜旦爵士曾揭示过这样一种想象的前景："现代田径运动的特征之一就是它将构成一种宗教。"

　　体育运动不像舞蹈一类形体艺术，用绚丽的内容和复杂的主题再现生活之美。体育简单、直接，大多数田径比赛从头至尾几乎只有一个动作的循环，比如跑步。大型球类团体项目在动作的丰富程度上要稍好一些，但依然是鼓励选手用最简洁的手段得分。

　　然而，就是围绕这些最基础动作展开的体育竞赛，不但吸引了数不清的观众和参与者，而且创造了世界上最庞大的产业之一。这

*　本文为乔治·维加雷洛所著《体育神话是如何炼成的》一书评论，原文发表于《南都周刊》（2016 年 9 月 2 日刊）。

一切不能不说是一个"神话","一种宗教"。这个神话是怎样开始的，法国历史学家乔治·维加雷洛在《体育神话是如何炼成的》一书中，为我们勾勒出体育神话出现的轨迹。

作为具有高度民族自豪感的法国学者，维加雷洛认为现代意义上的体育运动出现在法国。以贵族竞技游戏和王室仪仗表演为基础，随着资本主义的萌芽、人口流动和行业协会的出现，带有竞争性质的体育运动开始登上人类社会的舞台。"地理间和乡土间的一般距离导致了教区间和各地间的竞技对抗"，在另一些时候，"球赛成立礼仪的过程，几乎象征着入会的仪式"。因为在这样一些存在流动性和门槛的团体中，"青年人受不到重视，但实际上他们可以通过竞技游戏体现团队的凝聚力，并由此得到承认"。

因此，体育作为神话的第一个特征就是，平等参与。来自五湖四海、各行各业的人们可能有着无数口音、身份上的差异，但在体育比赛中，所有参与者都脱掉外在的装束，连嘴都不用张一下，就靠着人类最本能的动作较量一番。谁跑得快、跳得高就是冠军。正是这种打破社会差距、抹去身份区别的方式，赋予了体育神话最基本的"平等性"。这一特征既是人类与生俱来的根本诉求，也契合了启蒙运动塑造的现代社会的核心价值。

体育神话的第二个特征是英雄们的事迹。既然是一种比赛，自然就会产生冠军。围绕这些平民选手的夺冠事迹，就变成了一段英雄史诗。1904年的环法自行车赛上并没有发生什么特别的事情，但是媒体仍然"报道了一些小事故，讲述了一些运动员加速前进的情况以及他们所遇到的困难和障碍"。"我们需要英雄"，环法赛的创始者德格朗热说，那些故事符合人们对英雄事迹的渴望——出身平凡的普通人，虽历磨难，终获成功。因此，我们往往把赞美献给那些在比赛中投中绝杀球、射入金球的运动员。

接下去，像所有的神话故事一样，一个英雄往往无法满足人们的渴望，人们需要一个"英雄联盟"，一座众英雄化身众神的奥林匹斯山。因此，体育神话的第三个特征应运而生：让世界各民族的英雄济济一堂的"奥林匹克"运动会就此诞生。这个世界最著名运动会的名称也源自希腊众神栖居的神山。平民英雄在体育比赛中，凭借人类最基本的天赋，力量、速度、耐力、敏捷性、平衡感以及一点点运气，在芸芸众生中脱颖而出。我们倾向认为，这些能力与社会地位、财富、外表无关，只取决于自身努力的程度。这些获胜英雄最终被赋予了进入奥林匹斯山巅众神殿的资格，与所有留下卓越事迹的英雄把酒言欢。

维加雷洛认为，就是这三个特征，在古老宗教神话衰微之际，赋予了体育神话取代古老传统，演绎一幕幕全新的英雄传说的机会。当然，在体育神话登场的道路上，民族主义、现代传媒和资本主义同样贡献了自己的力量。

当然，结论别下得那么早。从另一个角度看，体育是人类最古老狩猎技术的再现。跑得快、跑得久都有助于捕获猎物，力量、搏击更是如此，更别说射击、射箭一类的项目了。就连足球、篮球、排球一类大型项目，也起源于精准击中目标的投掷活动。这些与狩猎、觅食技能高度吻合的体育项目并非巧合，那些追求更高、更远、更强的体育明星的运动天赋，同样会为他们在神话时代中，斩获猎神、农神、战神的荣誉。

换句话说，我们对人类本能天赋的追求，并没有偏离神话时代祖先的标准，而这一切或许才是当代体育神话的真正源头。

外四篇　我们从未现代过：
奥运如何取代传统神话，演绎全新英雄传说[*]

　　里约奥运会在 2016 年夏如期开幕，中国队奖牌不断，终于在错过了若干"首金"后登上金牌榜首位。不论最终拿了多少金牌，至少能在此时平和一下国内观众躁动的心灵。对于巴西而言，从开幕之前备受质疑，到开幕时的惊艳表现，终于让人打消疑虑。不过，所有这些都表明奥运受到关注的程度，奥运会从一百二十年前诞生至今，早已成为全人类的盛会。

　　现代奥运会创始人顾拜旦爵士在一百多年前曾预言揭示："现代田径运动的特征之一就是它将构成一种宗教。"为什么他不预言奥运会呢？因为当时的奥运会并没有那么多项目，田径比赛已经构

* 本文原刊于《澎湃新闻·思想市场》栏目（2016 年 8 月 10 日刊）。

成了奥运会的主体内容。而今，顾拜旦的预言已经毫无疑问地实现了，至少在 2016 年的 8 月里，所有的新闻都被奥运夺走头条。而一次次登台领奖，或者痛失、憾负，以及忍受伤病坚持比赛的故事，都会成为媒体和观众津津乐道的话题。

那么，奥运会为何会成为这样一个举世瞩目的活动，成为世界上参与程度最高的世界性节日？法国历史学家乔治·维加雷洛有一本名叫《体育神话是如何炼成的》的作品，将体育活动比作一种神话。既然体育是一种神话，作为体育盛会的奥运会，毫无疑问就成了一个神话全集。现在，畅想一下这个占据了我们 2016 年 8 月生活的神话，或许是个值得探讨的话题。

平等参与

维加雷洛概括的体育神话有三个特征，第一个就是：平等参与。奥运会体育项目的设置概括了人类本能的大部分活动。跑步、跳远、游泳、举重，稍微复杂一些的射击、射箭。虽然参加比赛的年轻选手离不开天赋和辛苦的训练，但参加这些运动的基本条件，只需要具备合格的生理运动机能。而选手们比拼的也是这些纯粹的技能水平。财富、地位，从某种程度上讲，包括教育水平，都让位给了最单纯的运动本能。

在公平竞赛的精神下，所有（财力）装备、（科技）药物带来的外在优势，都被尽力摒除在比赛之外。参与者在比赛时穿着极简的服装，抹去了社会地位的烙印。脱掉了外在的装束后，王子和平民可以站在同一条跑道面前。比赛给了所有参赛者同样的机会，选手用最简单的方式，比拼的是与生俱来的能力。

正如在此次奥运会上出现的难民代表队，这是首次组织一支不代表任何国家，完全由各国难民运动员组成的队伍。不论是刚果（金）、南苏丹这些多年来一直困扰国际社会的难民输出地，还是叙利亚这样新晋的难民来源国，奥运会为他们提供了一个更为纯粹的场合，虽然只有短暂的赛会期间，但正如里约奥运会的开幕仪式（难民代表团在东道主之后第二个出场），象征性地回到了"创世纪"那个没有战乱威胁的初生的安宁瞬间。

因此，可以说正是奥运会让所有的选手，都仿佛回到了一个原初的，社会没有分工、阶级没有分化的神话中的社会。这种平等的理念不仅体现在夏季、冬季奥运会上，同样在之后即将举行的残奥会上得到充分呈现。

英雄事迹

体育神话的第二个特征是英雄们的事迹。作为一场竞技体育的盛会，追求胜利和卓越的成绩是参与者的重要目标，这一点和平等特征并不矛盾。

因为，人类各类运动比赛的项目，本质上都与觅食的技能有关。换句话说，体育是人类最古老狩猎技术的再现。狩猎、觅食技能与体育项目的高度吻合并非巧合。奥运最大的金牌大户田径比赛追求的跑得快、跑得久都有助于捕获猎物，其所需要的力量和耐力更是如此。游泳、划船等水上项目，则与滨水环境的觅食行为相关。不用说射击、射箭一类的项目了，准确击中目标，在任何时代，都是稳定获得食物的保障。就连足球、篮球、排球一类大型项目，也起源于精准击中目标的投掷活动。

那么，在平等参与的基础上，狩猎技术最佳的个人，将得到最多的收获。在过去，拥有顶尖的单项技术，就是食物来源的有力保障。在今天，那些追求更高、更远、更强的体育明星的运动天赋，则展现出他们在具体能力上的最高水平。

正如在觅食过程中遇到的种种挑战（巨大的猛兽、恶劣的自然条件），今天同场竞技的运动员们，同样会为象征性的猎物（桂冠）展开拼搏。他们在追求这一猎物时经历的挑战，受到的挫折，以及最终获胜的喜极而泣，都如同神话中，勇士寻找宝物的历险史诗。正是这些仿佛冒险的经历，成为观众口耳相传的英雄事迹。这些事迹既可以有龙清泉这样顶住挫败、卷土重来的勇士重生，也可以有傅园慧这样具有自己独特标签的个性英雄。

扮演神话中英雄角色的运动员们，在追求最顶尖技能道路上的角逐，通过新闻报道的形式，最终就变成了他们每个人的传说。那些与众不同、具有个人色彩的英雄事迹，就像神话中每个神祇的传说，标志着猎神、农神、战神的不同属性。

奥林匹斯的众神

从平等的参与者，到个性的英雄，奥运会已经具备两个神话特征了。像所有的神话故事一样，一个英雄往往无法满足人们的渴望，人们需要一个"英雄联盟"，一座众英雄化身众神的奥林匹斯山。因此，体育神话的第三个特征应运而生：让世界各民族的英雄济济一堂的"奥林匹克"运动会就此诞生。

非常有趣的是，奥林匹克这个世界最著名运动会的名称，也源自希腊众神栖居的神山——奥林匹斯。这两者的相似性并非一种巧合。就像里约奥运会在开幕式五环展示环节呈现的绿色畅想，这个诸神的宫殿与绿意盎然的自然之巅有着密不可分的联系。

在进入宫殿的冒险中，平民英雄需要在体育比赛中，凭借人类最基本的天赋，力量、速度、耐力、敏捷性、平衡感以及一点点运气，在芸芸众生中脱颖而出。我们倾向认为，这些能力与社会地位、财富、外表无关，只取决于自身努力的程度。所有参与者在各自晋级的道路上，拼力前行，留下自己的英雄事迹。获胜英雄最终被赋予了进入奥林匹斯山巅众神殿的资格，与所有留下卓越事迹的英雄把酒言欢。

这些加入神殿的英雄，来自不同的国家和地区，有着不同的语言和肤色。但当他们踏上最终的领奖台时，他们就不再代表个人，而是成为全人类的表率，新的众神之一。他们创造的奥运纪录，不是一个国家一个民族的纪录，而被称作世界纪录，意味着全人类作为一个整体，任何一个优异的比赛成绩，都代表着所有人所能达到的更高、更快、更强的水准。

最快的短跑选手，最快的自由泳选手，最神准的弓箭手，分别代表了这个领域里最杰出的能力者，他们组成了一座神殿中所有的偶像。在古老的时代，他们或许会被称作海格力斯、阿基里斯或阿波罗。不过他们现在将把自己的名字留在这项运动的历史上。

回到生活的本质

具备这三个特征，在古老宗教神话衰微之际，奥林匹克神话就有机会取代古老传统，演绎一幕幕全新的英雄传说。人们观看奥运，无论是通过电视屏幕还是网络，事实上，都相当于亲眼看见了一场神话的诞生。虽然，在奥运神话登场的道路上，民族主义、现代传媒和消费主义同样贡献了自己的力量，但一切都离不开古老脉络铺设的人们在平等中追求超越的愿望。

换句话说，我们对人类本能天赋的追求，并没有偏离神话时代祖先的标准。法国人类学家拉图尔曾用"我们从未现代过"将现代社会的种种与我们认为已经远离的前现代表征对应起来。在这里，我们同样找到了奥运会与古老的神话的连接点。

人们参与奥运的同时，实际上完成了对神话世界的回归。通过运动这项来自纯粹本能激发的活动，暂时性地打碎了现实世界给定的身份，从世俗的日常生活中回到天然的状态。像一个长途追踪猎物的猎手一样，用各种天赋的能力，完成各项技能的竞赛。其中角逐出的优胜者，证明了自己拥有英雄的事迹，与其他英雄一道进入全人类的殿堂。

四年一度的盛会，带给我们每个观众的，除了与英雄的运动员一道完成冒险的刺激，更多的还有重新回归平等社会的可能。正像里约奥运开幕带给我们的体验，不仅仅是国家实力的展示，还是回到生活本质的开始。

第四编　方法

从"文明的诞生"到"人类之网",任何史前研究做到最后,比拼的都是内在的思维方式。既然我们不能"穿越"回到史前,看看当时的真实情况,那么哪一种解释模型能覆盖更多的发掘材料,将决定何者具备更强的解释能力。

究竟哪一种解释模型更为合理,就是对研究者提出的考验。其实,从常识性思维的角度思考,当前各种"文明的诞生"理论,其实都试图从一种成熟的农业文明逆推起源,忽略了农业社会并非人类文明的唯一模式。而"人类之网"的模型,更只是提出了一种抽象的,不依附于任何实体的想象网络,在实际研究中缺乏明确的操作性。

因此,如何甄别现有的理论框架,对其中的可行性进行合理取舍,并利用我们已有的考古资料,归纳出一个得以适用更多数据的模型,才是我们进行考古研究、探索古代文化脉络的知识捷径。

1. 文明是怎样诞生的？[*]

文明的诞生，是任何一个试图讨论古代文明的人类学家都无法回避的问题。然而，由于这个问题之复杂，头绪之杂芜，许多研究者穷尽毕生，也只能窥见冰山一角。尽管如此，这个诱人的主题依旧吸引着一代代卓越的学者为之贡献才华和青春。加拿大麦吉尔大学考古系教授布鲁斯·G.崔格尔就是其中之一，北大出版社出版的《理解早期文明：比较研究》一书就是他对于这项主题付出的见证。

引用另一位著名考古人类学家布赖恩·费根的话说，"《理解早期文明》是崔格尔卓越的考古学生涯的顶峰"。从内容看，将埃及、美索不达米亚、商代中国、阿兹特克、玛雅、印加、约鲁巴等早期文明放到同一个框架中讨论的尝试的确是一项卓越的尝试，不由让我们对这项充满挑战的事业充满期待。

这些古代文明除了埃及、美索不达米亚、商代中国分别处于公元前 1000 年左右，其余四个都是公元之后才出现的。这些文明之所以被定义为"早期"的原因在于，这些社会被认为是"独立"出现的文明。当然，这七种早期文明，除了时代差异外，其实还跨越了不同的纬度和海拔。而且和前人两种或三种文明的比较研究相比，数量上已经颇为惊人。由此可见，崔格尔在比较研究的道路上，要比诸如戈登·柴尔德、朱利安·斯图尔德等前辈走得更远。但他是否能顺利解开早期文明诞生之谜呢？

正本清源

崔格尔在全书的开头就直击关于早期文明的两种理论错误。首先，就是对中国学界影响颇深的魏特夫的"东方专制主义"——用我们更熟悉的话说，就是"水利社会"模型。其次，他还非常睿智地批判了卡尔·波兰尼所认为的"以逐利为目的的交换没有出现在早期文明之中，商品交换机制从互惠到制度性再分配，最终发展到市场"的"交换形式论"观点。

　　实际上关于早期文明/国家出现的看法还有第三种崔格尔并未特别提到的理论，即"国家出现的原因，是因为某一地区的空间或社会规模限制了人口增长。这种情况下的竞争与战争，导致战败群体的臣服，他们被迫输诚纳贡，臣服更强大群体的统治"——或称之为"人口增长"模型。

　　崔格尔明确意识到前人理论的缺陷，甚至直陈魏特夫的错误是"骇人听闻"的。事实上，我们还有更简便的方法可以推论出这三种"国家起源"观点的认知误区。无论是"水利社会"还是"人口增长"抑或"长距贸易"都存在一个假设的前提，即"人口增长导致的（食物性）资源紧张"，推动对资源再分配（或争夺资源，或控制进口产品）行为的出现，在此基础上导致了国家的雏形。然而，以中美洲早期城市国家特奥蒂瓦坎和瓦哈卡为代表的考古学证据表明，"人口是在城邦发展后才增长的，而且也没有证据表明城邦的发展是因为接近资源的极限，这两个地方还可以生活更多的人口"——资源紧张从未出现。从大量当代民族志材料综合可见，狩猎采集者或简单农业社会"掌握丰富的生产手段，可以轻松满足人们所有的物质需要"。既然考古资料和民族志证据两方面证实，自石器时代迄今人类社会的早期阶段从未罹于资源不足，于是"人口增长导致的资源紧张"这一假设不能成立，那么任意三种国家起源的假说也同时为假命题。

　　也就是说，以往所有关于文明起源的设想都是假命题，这一点上崔格尔是正确的。

迷途能否知返?

　　继对若干早期文明理论提出切中肯綮的批评后,崔格尔在人类学与马克思主义之间提出了自己的看法:一个文化的所有其他侧面都是通过与社会组织关联的方式获取功能性意义的。有趣的是,他从第五章开始,直至二十七章分别从"政治社会组织"(5 ~ 13章)、"经济"(14 ~ 18 章)和"认知和象征层面"(19 ~ 27 章)三大主题巨细靡遗地讨论了这七种早期文明的方方面面。从内容分布上看,固然呈现三足鼎立之势,可他将"王权"放在正文的开头,而置"经济"于十章开外的叙事结构,或许偏离了上述两者的要义。

　　崔格尔把"王权"作为正文开头的第五章,接下去的几章分别是国家、城市、阶级……让我们不由联想到亨利·富兰克弗特《王权与神祇》这类东方学著作。在这类作品中,王权作为早期文明最重要的要素,置于极高地位,并被赋予众多神性。然而,崔格尔遗憾地未能跳出前人的窠臼,非常显然,无论是神性还是王权都只是早期文明出现的诸种表征之一,而非直接的原因。利用他证明其他假设的方法推论,既没有考古证据也没有当代民族志支持"王权"(更具体说是超越普罗大众的"权力")先于文明而存在。换言之,王权以及国家、城市等,其实都是文明的产物而非原因。

　　身为考古人类学家的崔格尔便沾染了东方学者的恶习,犯了人类学家最不应该犯的错误:将政治与经济割裂了开来,并将前者凌驾于后者之上。其实,在他之前的戈登·柴尔德就已经将政治经济学与史前考古结合在了一起。柴尔德通过生产、交换这些马克思主义的术语，间接复活了古典经济学中的一些概念，又从马尔萨斯那里借用了人口观念，从新康德主义那里发现了"社会"。这套新的概念帮助他建立了一套模型，而这套模型可以供人类学家分析考古材料中没有直接提供的东西。比如说，从农具或房屋结构评估粮食生产水平，然后推测人口规模；从墓葬特征模拟社会结构，而不是简单地以所谓居住区、祭祀区这样笼统划分。

以这种研究方式对照崔格尔的研究，我们就能一目了然地发现他的症结所在，崔格尔将那些被柴尔德糅合在一起的社会机制又重新分割了开来。并且因为他试图同时比较七种早期文明的诸表征，使同一社会中相关表征之间的联系也同时被割断。虽然他的最初用意，是想通过不同文明中相同表征的出现，归纳出某种共同点，比如，权力、军队、商业的出现，但因为无法在发生机制上梳理各表征相互影响的层次，使许多努力收获无功。

毫无疑问，"生产"在早期文明的出现过程中，扮演着至关重要的角色。比如，根据"部分依靠农业的小型社区已于新石器时代早期出现在苏美尔北部和东部的山区"可见，这些早期农业社会既然共享了两河平原这一巨大的环境背景，社区与社区之间无论生产力水平还是技术特征方面也都趋于同质。换句话说，每个社区由于人口构成和产品结构上的均质化特征，在条件不变的情况下，彼此间永远无法形成对其他社区压倒性的优势。所以文明的起源必不出现于农业社会，但又离不开农业社会的产品。那么谁又攫升了"对其他社区压倒性的优势"呢？事实上，只要解开那些简单农业社区剩余农产品的去向，文明的起源就能揭晓。

尽管崔格尔令人遗憾地未能从他对文明诸表征所做的分类中走得更远，但他的确提供了颇为丰富的早期文明的档案。其实我们本不需要如此众多的个案材料，只要将相对较丰富的早期文明内部诸表征的联系建立在更整体性的政治－经济关系之上，利用这一模型，其余的早期文明就能迎刃而解了。

　　崔格尔留下的皇皇巨著或许可以说得上是那种笃爱文化表格的旧有研究范式最后的典范。从这个意义上讲，其中无比充盈的知识贮藏也应获得我们的敬意。

2. 人类之网：五百年，还是五千年？*

全球化时代的争论

1962 年，加拿大传播学者麦克卢汉提出著名的"地球村"概念。1969 年，布热津斯基在《两代人之间的美国》一书中正式提出"全球化"（globalization）概念。从此，现代社会开始以这个概念描述现代信息技术出现之后，日益紧密联系的现代世界。

---

* 本文为约翰·麦克尼尔、威廉·麦克尼尔合著《人类之网：鸟瞰世界史》一书评论，原文发表于《南方都市报·阅读周刊》（2011 年 12 月 25 日刊）。

1974 年美国社会学家伊曼纽尔·沃勒斯坦出版了《现代世界体系：16 世纪资本主义农业和欧洲世界经济的起源》一书。他在书中认为，早在 15 世纪末 16 世纪初，随着资本主义生产方式的发展，开始以西北欧为中心，形成"世界性经济体系"，即"资本主义世界经济体系"。将"全球化"时代世界格局的开始，追溯到了数世纪之前以近代西欧为中心的历史积淀。

不过，沃勒斯坦后来面对了一股犀利的挑战。1993 年，历史学家兼经济学家贡德·弗兰克出版论文集《世界体系：五百年，还是五千年？》剑指沃勒斯坦。弗兰克认为沃勒斯坦的现代世界体系论完全是欧洲中心论的神话，只是早已存在的世界体系的自然发展而已，在过去的千年中，亚洲曾是这种世界体系的中心舞台，欧洲不过是边缘地区。

尽管沃勒斯坦和弗兰克都反对欧洲中心主义，但他们似乎又走入了不同的阵地。1996 年，沃勒斯坦的阵营内发表了一部文集《发展的未发展》，专门讨论了弗兰克的世界体系观点，似乎想为这场论战找到一个大家都能接受的结果。受邀为这部文集写作前言的是一位名副其实的历史学家——世界历史的现代"开创者"、芝加哥大学教授、美国历史协会主席威廉·麦克尼尔。这场由社会学家和经济学家引起争论的双方，似乎都愿意接受历史学家的仲裁，看一看全球化的进程到底是五百年，还是五千年。

弗兰克在其著名的《白银资本：重视经济全球化中的东方》一书中透露了一则八卦：他不无得意地从麦克尼尔的前言中发掘出一个胜利的观点，麦克尼尔承认，他本人在 20 世纪 60 年代的著作《西方的兴起》中"对世界的体系性联系注意不够，我们应该用各种交往网络来逐渐描绘出这些联系"。

不知是否从这场旷日持久的论战中得到启发，2003 年威廉·麦克尼尔与其子约翰·麦克尼尔合作写成的《人类之网：鸟瞰世界史》（以下简称《网》）一书，确实从善如流地为这场长达半个世纪的争论画上一个圆满的句号，同时也为未来的研究铺设了知识的起点。

网络：文化与物质的"接力赛"

两位麦克尼尔的书里有一个关键词——"网络"：世界是由无数看不见的网构成的。在我们以往的历史书中，虽然有那些由据点驿站连接成的"丝绸之路"之类宏观的网络，但对于"世界之网"来说还远远不够。文明与文明之间的联系总被海洋、高山或沙漠这样巨大的地理屏障隔开，变成一个个孤立的文明岛屿。尽管各种直接或间接的证据将中国的青铜文明与北亚草原冶金地区联系在一起，但笃信各地文明单一起源论的研究者注定要用大漠和戈壁隔断这种纽带。而事实上，联系的网络无处不在。

从本书一开始，作者似乎已经表明了在那个经典问题"世界体系：五百年，还是五千年？"中的立场。明确的立场还需要充分的证据。既然谓之网络，谓之体系，那么要绘制出这个网络的，自然离不开重要的结点、连接的方式，还有"网"中的内容。

像所有的世界史著作一样，《网》的作者也将时间作为全书的主线。我们熟悉的四大古国、希腊罗马悉数登场，建立了以都市为核心的网络，这种网络不仅出现在旧大陆，也出现在哥伦布之前的美洲大陆。那些文明的城市成为这张巨网的重要节点，连接它们的是次要的市镇、驿站、码头或堡垒。尽管没有像《黑色雅典娜》的作者一样，暗示了希腊文明可能的黑色大陆起源，但麦克尼尔至少将"物质交换"整合到了旧大陆各主要文明之间网络的建构。他的物质交换并没有限于以往那些司空见惯的货物（丝绸、皮货、香料），而是拓宽到了动植物品种、技术手段、宗教信仰，乃至微生物（病毒）的层面，当然还有这些交换物的载体：马匹、骆驼、牛羊。

通过这些网络，文化从大陆的一边传递到另一边，甚至越过海洋，产生人类史上重要的事件：旧大陆的皮萨罗披着铠甲、骑着战马，以区区一百多人，击败百万人的印加帝国；来自南美、中美洲的块根作物（玉米、土豆、番茄、辣椒、向日葵等）也改变了旧大陆的历史，否则世界 70 亿人口也还要来得晚些。不过所有这些都离不开文化传播最重要的因素：人类的活动与交往。

不知哪位麦克尼尔提到，虽然没有人从网络的这头花费数年移动到大陆的另一头，但以区域为核心的交换体系，还是将那些文化的载体，一站站传递。在那个著名的例子中，张骞在大夏（阿富汗北部）见到的"蜀布、邛竹杖"不太可能由单一的运输者从阆中经漾濞，从缅北高原一路运到北印度，但由地区人群组成的"接力赛"应该是存在的。

人与网络

《网》之所以推陈而出新，是因为这张"网"足够巨大，足够细致。两位麦克尼尔力图避免以往那类世界史写作的弊端——凡举世界，仅为主要文明或帝国的政治文化史，这个名单里必少不了汤因比、房龙等早期作者——吸收了 20 世纪后半期直至当前人类学、生态学、地理学等的新成果，将上至西伯利亚－北极圈土著居民，下至夏威夷、萨摩亚、汤加、斐济这些原先处于"历史"之外的文化，也纳入了这个密集的"人类之网"当中。这张巨网犹如生宣上的墨迹，不是模糊一片，而是借助纸张本身的纹理，渐渐地沁入了天然的脉络。这个过程不是平板一块，而是复杂多样的，新的网络叠加到原先的网络之上，密密层层。网络的宏观之形态固然应当把握，但其内部的形成却更值得进一步拓展。

人类学家埃里克·沃尔夫在《欧洲与没有历史的人民》中描述了西非奴隶贸易的"网络"：需要奴隶从事种植园劳动的殖民者，介入了非洲土著人群之间原有的部落争端，枪支的出现，使最先与奴隶贩进行贸易的人群获得优势，而处于劣势的群体沦为奴隶。这在导致大量奴隶贸易悲剧的同时，也产生了积极的结果，如阿赞德王国等非洲国家的兴起。显然，这个网络不是突然出现的，新的要素（奴隶贸易）进入原先的网络（部落争端），推动结构的发展（政治变化），这个动态的网络其实延续至今（西非动荡的政局）。这或许是更需要把握的动态过程。

麦克尼尔也指出："奴隶贸易使非洲大陆许多地区的社会都出现军事化，并使那些军事领袖兼贩奴商人的地位大大提升……贩奴贸易还加速了非洲各个社会商品化的进程，增添了许多远程贸易交通路线。在文化上，奴隶贸易或许对伊斯兰教产生了某种促进作用：穆斯林的法律严禁奴役本教信徒，因而改变信仰就提供了某种免于被西非草原的穆斯林奴隶主劫掠为奴的希望。"而这种戏剧性的结果，其实也反映了人类在世界网络中主动的理性选择，同时也体现了脉络演进的结构性影响——网络其实是对先前已有结构的一次更新。

那么，现在再看人类史上晚近的网络，"世界性网络，从1890年之后变得更加紧密。虽然从地理范围上看，它只是稍稍有所扩展而已，但是交往的规模和速度却得到了显著的增强，这主要是由来自技术的——还有政治的——各种变革所使然"。很明显，这种人类网络在距今500年左右的时间里产生了更显著的影响，但是这种"变革"其实有着一个非常悠久的脉络，正是这些已有的结构，奠定了这个"世界性网络"在今天的发展，而这种影响也将延续至未来。

当然，世界史的写作是件吃力不讨好的事情，因为任何一本以揭示"世界"为宗旨的著作都难免百密一疏，无法面面俱到。这张麦克尼尔式的"网"虽大，却不失精巧，但也没有一劳永逸地解决历史的难题，相反，留给我们更多值得进一步思考的主题：网络中的人类是如何经营这种网络，而网络本身又如何反过来（决定）促进人类在历史与今天的互动呢？

3. 考古学：骗局的制造与识破*

　　某位武王墓葬中出土了"常所用格虎大戟"石牌，似乎专为确定墓主人身份而备；神秘校友捐赠了足以媲美"孔壁中经"和"竹书纪年"的流散楚简，对想要告别"古史辨"重写"三代"历史研究者来说，正中下怀；民间人士一再重提"神农架野人"，科学名义背后，欲说还休、半遮半掩的还是经费。

　　考古学是人文社会科学中最冷僻也是最热门的学科。冷的是经年累月一个一个探方筛检遗存、绘图编号、造册存档的枯燥与寂寞；热的是公众眼中对考古从业者与远古文化亲密接触的浪漫想象，以

＊　本文为肯尼斯·L. 费德所著《骗局、神话与奥秘——考古学中的科学与伪科学》一书评论，
　　原文发表于《南方都市报·阅读周刊》（2011 年 1 月 30 日刊）。

及对考古人士工作环境与体验的神秘幻想。于是，以考古为主题的文学作品和电影，永远能给日益标准化生活中的现代都市人带去各种奇妙的精神体验；同时，也越来越多地用"科学与伪科学"的交锋，不断挑战着公众的知识与理性。

理性的思考需要知识的弹药，让我们的思维"久经考验"，炼就"火眼金睛"，那就需要先看看历史上那些著名的骗局，以及它们是如何被揭穿的。美国中央康涅狄格大学人类学系教授肯尼斯·L.费德的《骗局、神话与奥秘——考古学中的科学与伪科学》，就是这样一本为我们摆正"理性指针"的教学指南。

那些著名的骗局

藤村新一曾是日本考古界的翘楚，但随着他通过自制、自埋、自挖、自我宣传虚构的日本史前史骗局被揭穿，除了他追溯到 57 万年前的日本史前文明又回到 3.5 万年前，他本人也由于声誉尽失，只能在精神病院里度过余生了。而揭露他的，只是一台隐藏在发掘现场的摄像机，记录了他自埋、自挖考古遗存的全过程。既然藤村新一不是为金钱，似乎"神手"这样的学界赞誉也不构成理由，那么最大的可能就是在某种想象的民族自尊心驱动下，出于不甘"国史"年代不够悠久，奋然自编自导了一场使自己身败名裂的闹剧。看来虚妄的民族主义可谓科学与理性的第一个敌人。

如果说藤村新一只是民族自尊作祟，虽可耻犹可怜，那么纽约

"卡迪夫巨人"的骗局则是纯粹为了金钱。19世纪，一个巨大的人形石像在纽约乡下被挖了出来，这个劣质的雕像被当作《圣经》中提到的巨人歌利亚，一经炒作，便成为众人围观的对象，围绕这个虚假的古董，小镇的经济也随之发展。由于化石研究尚未发达，既然骨骼有机会被化石保存，那人们似乎也能接受完整的巨人石化的想法。眼红门票收入的邻居，相继发现了新的"巨人"，当越来越多的巨人破土而出后，"奇迹"的光环也不再耀眼。为了利益，"巨人"的制作者相互揭发对方造假的事实，当一切曝光于众后，不再有新的"巨人"被发现，那些原来受人瞻仰的"巨人"成了地下室库房中永久的居民。看来任何"奇迹"的发现，都有幕后推手，无论是"纸上老虎"，还是"石上观音"。

著名的"皮尔唐人"或许与名利无关，但其之所以闻名，则是因为这一事件牵涉了众多知名学者。查尔斯·道森是20世纪初英国一位业余考古学家。德国发现了尼安德特人，法国发现了克罗马农人化石，现代科学及现代人类学发源地的英国却没有任何可以追溯的史前人类，这让道森似乎产生了和藤村新一一样的焦虑。他"出人意料又情理之中"地填补了这项空白，在英格兰南部苏塞克斯郡的皮尔唐地区，发现了"比直立人更接近现代人的直系祖先"——一个有着人类特征的头骨，和有着明显猿类特征的下颌骨。尽管怀疑从发现起一直没有停止过，但道森的荣誉也没有间歇，包括20世纪20年代参与"北京人"发掘的德日进、埃及中心论人类学家史密斯，甚至《福尔摩斯探案集》作者柯南·道尔爵士都因赞赏他发现"旧石器时代头骨缺环"的成就而在日后蒙羞。道森死后四十年，在氟化物含量测量手段进入考古学界后，他的骗局被揭穿。头骨与下颌的含氟量严重不吻，分别来自（现代）人类和猩猩，显微镜检测进一步显示了后者被加工的痕迹，那些始终抱怀疑态度的学者，终于获得了迟到的永恒荣誉。但骗局的制造者却不再有机会陈述最初的动机。

"奥卡姆剃刀原理"

"谁发现了美洲？"北欧人？中国人？非洲人？又是一个老生常谈、经久不衰的话题。那么答案呢？北欧人确实在纽芬兰留下了生活的遗迹，但在气候与当地人群（因纽特人与其他印第安人）的双重压力下，放弃了他们在北美高纬度地区的定居点，并再没有后来者的前赴后继。而中国人与非洲人也同样没有"发现"美洲，业余考古爱好者只是没有分清印第安人或早期欧洲定居者留下的生活遗址，把这些晚近的遗迹按照自己任意的遐想，比附了中国神话中的"扶桑"。除了那个后来对欧洲来说具有"发现"意义，并能押韵的名字（"哥伦布发现新大陆"），唯一可以称得上美洲真正发现者的，就是 17000 ～ 12000 年前，沿白令海路桥进入美洲的数批西伯利亚居民。

北美"土墩建造者之谜"，柏拉图笔下"亚特兰蒂斯消失之谜"，建造复活节岛、玛雅金字塔之类"史前外星人"的多情联想，以及和埃及金字塔有关的众多传说、诅咒之谜，虽然离我们的生活相对遥远，但依然时常成为各类打着"探索或发现"旗号读物、电视节目的噱头。那么如何使自己成为见识卓越、自信而拥有绝佳判断力的人？作者推荐了一个"奥卡姆剃刀原理"：在思考问题时，在试图解决一个问题或解释一些现象时，"存在不能复加到必然性之外"。换言之，以最少的设想或增添来说明一系列观察到的解释或假设——亦即不要对这些存在加上不必要的假设——是最好的解释。

更简单的说法是，越简单的解释越好。如果"眼睛盯着眼前悬挂的物体，而这个物体发生先后摆动"，那绝对不是"心灵致动"——在一个有风的天气，而房间门窗洞开——只是因为有风。18～19世纪北美和欧洲发现了许多埋藏的巨大骨骼，解释一，某种确实已经消失的古代动物骨骼化石；解释二，"骨骼是恶魔埋在地下来愚弄我们的"。根据奥卡姆剃刀原理，后一个解释"要比原先需要更多有关宇宙的设想：有恶魔、恶魔对人类的事情感兴趣、它想愚弄我们、它有能力创造出没有存在过的动物、它能将骨头埋到地下和坚硬的岩石里面。这里有太多无法接受和难以证实（大体无法检验）的说法"。因此，奥卡姆原理说，较为简单的假设就是这些大型骨骼是早已不存在动物——换言之恐龙——的骨骼更好。其他解释会比这个答案引起更多的问题。

既然这样，那么那些关于"诺亚方舟"与大洪水的荒诞想象中，声称被发现长得像"方舟"的巨大岩石，就只是巨大的岩石，而不是其他；它们被塑造成那个样子，只是风化或冰川侵蚀的结果——因为这是关于问题最简单、直接的解释。而那些不列颠群岛著名的巨石阵，也不是外星人的杰作，"建造巨石阵的人群并非来自亚特兰蒂斯或外太空，他们实际上就曾生活在附近。一处属于巨石阵建造主要年代的大型居住地和庆典遗址就发现在3公里外。该遗址以一个巨大的圆形遗迹为特点……里面有许多方形的房基，几十个火塘和无数动物骨骼，明显是举行盛大宴饮的场所。一条很宽的石路从村落引向芳雅河，如果你沿那条河流溯源而上，你会碰到一条相同的石路直接通向巨石阵本身。巨石阵不是一个孤零零的、外来的和无法解释的东西，它是一种大型文化背景的一部分"。

只是为了知识本身

世界对我们充满奥妙，我们对世界充满困惑。曾几何时，我们也曾将各种奇异不解的事情诉诸荒诞不经的解释，甚至信以为真。南朝梁代任昉所编《述异记》，记载了当时"冀州人掘地得髑髅如铜铁者，即蚩尤之骨也。今有蚩尤齿，长二寸，坚不可碎"。以今天的眼光看，很可能是公元 3 世纪前后，华北平原腹地一次化石的发掘记录。只是这种发掘的"骷髅"骨骼，已经无从考证究竟是哪一类史前动物化石，尽管描述提到了五厘米左右的"牙齿"。

唐代莫休符在《桂林风土记》中提到，"象州武仙县，多有神仙聚集高山，羽驾时见。如建州武夷山，皆有仙人换骨函椁之迹"。换作"奥卡姆剃刀"的观点，"仙人"为我们的解释增加了太多"无法接受和难以证实（大体无法检验）的说法"，那么唯一可行的解释，就是这些今天我们仍能在山麓上看到的"换骨函椁"遗迹，其实是古代南方人群奇特的"悬棺葬"习俗。对于这一点，智慧的朱熹在《武夷图序》一文中已经批驳了"仙人"的荒诞。不仅如此，他还以实证的态度对所谓"仙人换骨"的实际情形做了类似民族志的叙述，"两岸绝壁，人迹所不到处，往往有枯槎插石罅间，以舟船棺柩之属。柩中遗骸，外列陶器，尚皆未坏"，他对此还进一步给出了简单明了的解释："颇疑前世道阻未通，川壅未决时，夷落所居，而汉祀者即其君长。"

"骗局、神话与奥秘"往往相生相伴，其背后则是有限知识与无限自然的永恒交锋，而那些心怀不轨的投机者还时常给我们的知识探险设置了更多看不见的障碍。不过，作为知识探险家，也有自己的武器：简单。真理永远是朴实无华的，所有那些天花乱坠、含混不清、模棱两可、体系庞大、无所不包、玄妙莫测、放之四海而皆准的"知识"，往往是虚妄、经不起推敲的。真正的科学，永远不会披着传统文化的外衣，打着道德伦理的幌子，喊着民族主义的口号——她单纯得一尘不染。

考古学不是一门象牙塔中曲高和寡的知识体系，当然也不是《夺宝奇兵》和《鬼吹灯》中神秘莫测的"盗墓之王"，她是一门平易近人、散发理性光芒的学科。每个人都可以读懂考古学，因为她研究的就是我们的过去与今天的生活本身。肯尼斯·L.费德告诉我们推测一个遗址的简单依据："附近存在一条永久性河流、一片相对平坦的区域，而周围则为起伏的地形和不规则的森林，西面是突然升起的陡坡，因此可以挡住一点从那个方向吹来的风。我不是通灵师，只不过知道以前考古研究所揭示的该地区史前居址分布的一般形态。"

记住，墓葬与其中的"宝物"只是人类在历史上活动所留下痕迹的一小部分，而考古学的目的则在于揭示人类社会——文化结构发展的物质历程，仅此而已。记住这一点，或许能真正帮助我们摆脱"伪科学"与"骗局"的困扰，因为我们对考古学的诉求不再是猎奇与冒险，或者旅游观光背后的经济价值，甚至"加长"历史深度的民族荣誉感，而在于知识本身。

4. 怎么研究"东西"的历史[*]

什么是物质文化

　　中国国家博物馆的孙机先生去年出版了《中国古代物质文化》一书，堪称博物馆界的"大事"。孙机先生曾从沈从文先生学习中国古代服饰史，又从宿白先生研究汉唐文物，在文物研究领域堪称大家。书中后记谈到，全书是将作者各次讲座内容整理、编排，集

---

[*] 本文为孙机所著《中国古代物质文化》一书评论，原文发表于《东方早报·上海书评》（2015年12月20日刊）。

成一书，使文中内容轻松可读。

全书分为十章，从"衣食住行"到"科学技术"一应俱全，全面介绍了中国古代生活的方方面面，让读者重新了解中国古代历史。博物馆人眼中的历史和一般读者心中的历史有一些差异。读者眼中的历史往往是唐玄宗和李白、钱谦益与柳如是。但是，除了这些以外，李白写诗所用的纸、唐玄宗梨园做戏所用的道具、钱谦益的拙政园和柳如是的书画同样也有各自的历史；而这些纸张、戏曲道具、园林和书画背后，还有更多的脉络——这些就叫"物质文化"。

"物质文化"听上去是个挺玄妙的术语，我们听惯了"非物质文化"（简称"非遗"），对"物质文化"反而有些陌生。其实这是一个来自考古学的术语。人类创造了丰富多彩的"文化"，文化则是人类适应环境的产物。比方说，一个热带居民学会利用动物毛皮制作御寒衣服，用泥土砌好厚厚的房子和土炕，下面生好火堆，就可以在寒冷地区生活。衣服、房子、土炕这些有形的部分，就叫"物质文化"（通俗地讲，就是"东西"）。而做衣服、盖房子以及生火取暖的过程，叫作"非物质文化"，这两方面合在一起就是文化。甲方请乙方做衣服，乙方帮甲方盖房子，甲方、乙方感情深厚，缔结婚姻纽带，繁衍后代，这种互动的过程就构成了我们一般意义上的历史。

我们所关注的历史记录往往充满英雄气概、激情浪漫，但做衣服、盖房子、种粮食、造工具……才是历史上绝大多数时候发生的事情。一个世纪之前的研究者多关心文字记录的"帝王将相"的历史，没兴趣也没能力关注"衣食住行"的历史。随着考古学的进展和博物馆的出现，我们有越来越多的机会从"东西"的角度来重新省视历史。孙机先生的这本《中国古代物质文化》就是对这些平凡历史的一次出色研究实践。

怎么研究"东西"的历史

　　话说回来,"东西"的历史就不如"人"的历史那么好研究。古人干了什么,"二十四史"说得还算详细,但物质的历史就不好说了。博物馆里陈列的都是许多年前人类活动留下的"东西",有的出自墓葬,有的来自遗址,共同点是它们都比曾经的使用者更加"长寿"。人没了,东西还在。通过考古发掘,我们还能看到商周时期的青铜器,但当时人是怎么用它们的,就完全不知道了。比如我们把好多东西都称作"礼器"——这等于是说:"我们也不知道这是干吗的!"

　　让这些不会说话的物质文化"开口"是件不容易的事情,但正因为不容易,才更显难得,体现出研究者的智慧和丰富积累。拿第一章的"农业与膳食"来说,虽然在"衣食住行"中排在第二位,但正如书中的排序一样,吃饭问题其实是人类生活中最重要的。吃饭的"家伙"就包括耒、耜这些最原始的农具,还有犁这类高级些的农具。考古发现许多石质、骨质的农具遗存,但是这些农具可能只剩下石质的尖端部位,原先用于捆扎的绳子和木柄这些有机物都随着岁月风蚀了。那么这些农具的真实用法和安装方式就需要研究者上下搜求了。

　　首先,文献是少不了的。从甲骨文中找找有没有"犁"的原型,从《国语》《论语》等文献爬梳一下最早提到犁的文字,比如"孔子弟子冉耕字伯牛,司马耕字子牛"等成了最早用牛拉犁的证据。这些文献方法我们都知道,因为历史学科也都在用,"故纸堆中"爬梳,说的就是这种功夫。但"物质文化"研究还有哪些独门技艺呢?

　　除了文献记载,第二个重要的工具来自图像。古代墓葬之所以有价值，大多数人认为墓中随葬品都是"宝贝"。但对考古工作者来说，哪怕一座古墓被盗掘一空，如果剩下的墓室墙壁上还能留下未被毁坏的壁画，那么，这座古墓的价值至少就保留了一半以上。壁画大多记录了墓主人生前和死后想象的生活，源于当时日常生活场景。通过仔细比对，从这些图像中，就可以看到汉代时期用牛犁地的情景，从中复原当时农具的真实用法。这种方法就叫作"图像志"研究，是考古学和艺术史学科都经常用到的工具。此外，除了壁画，我把孙先生这本书约略翻看了一下，还用到了（早期时代）地砖上的铭文、漆器彩绘、青铜器物图像铭文，以及（晚期时代）史上流传绘画作品、古书雕版插页等。

外行看热闹，内行看门道。绘画作品的价值，固然在于从古至今流传之不易，以及出于名家手笔之罕见；但在考古研究者看来，画中一人一物、一屋一宇，哪怕一石一雀都是难得的研究材料。这些具体的事物组合或者反映了日常生活的细节，或者体现了绘画者内心的时空观、宇宙观，而通过具体图像重建物质文化的使用细节，也彻底避免了仅凭文字对物质遗存使用方式的不切实际的想象。

文献和图像志，是孙先生进行物质文化研究最常用的两种工具。全书十章内容的分析中，这两种工具始终得到了扎实应用，这也是具备博物馆背景的学者研究"物质文化"的最大优势。博物馆人常会自豪地说，自己比起纯粹历史（文献）研究者略胜一筹的方面，是可以"接触到实物，我们可以'上手'"，这种路径在孙先生的著作中得以充分体现。所谓"上手"很大程度上就通过独一无二的图像志分析呈现出来——因为相比其他研究者只能通过肉眼推敲已经发表的材料、推测日常生活的细节，博物馆研究者能更多借助显微镜、光谱仪以及扫描电镜等技术手段，使表面无奇的"物质遗存"提供更丰富的信息。

如何看到"隐形"的文化

说到更丰富的信息，在物质文化研究领域中，还有两种在孙先生的作品中出现较少的方法。第一种就是已经提到的成分分析，并在此基础上深入的微观分析。比如在"文具、印刷、乐器"一章中，孙先生提到了当代研究者用"石脂、白矾、滑石粉、胡粉、牡蛎、盐、卤、醋等"物质还原"泥活字"制作的模拟试验，这代表了当代技术考古的最新进展。

其实，由于当代技术的发展，这项技术的反向运用也能给我们提供更多视角。一方面，光谱分析手段不但可以让我们分析出一种壁画、绘画作品中采用的颜料成分（这种技术在实践上能帮助我们辨别文物真伪）；另一方面，也能通过对物质遗存的成分来辨明其产地。比如，我们通常认为商周青铜器原料来自中原一带，但通过"铅同位素"考古技术可知，这些铜矿原料来自中国西南地区。这类研究不但开阔了我们对青铜器本身的认识，更重要的是，也反过来帮助我们极大地拓宽了对古代中国文化、物质交流方面的认识。这种研究通俗地说，就是"分析成分以判断产地"，在国外相关领域中，它已经越来越多地超过文献和图像志研究，成为物质文化的主流。其原因就在于成分分析所依赖的科学手段，能提供文献和图像无可替代的（时间和来源上的）准确性，同时，也将不同时空中的生产者、制作者、运输者以及使用者联系起来，为物质文化研究提供了更加丰富的全新维度。

第二种孙先生较少提到的方法是"民族考古学"，也就是孔子所说的"礼失求诸野"。我们今天已经难以捕捉古人的物质生活，但是，所谓"难以捕捉"只是局部意义上的，许多发达地区找不到的传统工艺，在交通不便的山区或民族地区仍可较好地保留。这种方法的好处，就在于使出土文物中失去"非物质"一面的"物质文化"得以复活。比如，在"纺织与服饰"一章中，孙先生提到了晋宁石寨山出土贮贝器上铜质人像呈现的"踞织"技术。其实，这种技术在海南黎族地区仍有使用，如果能引入对当代踞织机纺织技术的分析，将能更全面地考量古代纺织者的生产效率、生产原料，以及产品再分配等情况。

此外，民族考古学方法的最大作用，就是能帮助我们修正一些认识上的误区。在"交通工具"一章中，作者提到了浙江鄞县出土铜钺上的"竞渡纹饰"，并以此批驳了"认为图中四个泛舟者头上戴的羽冠是'原始的风帆'"的说法。孙先生的看法的确是真知灼见，因为民族考古学也可证明，"古代猎头者头戴羽冠"的风俗，是环南中国海文化的普遍现象，在整个华南和东南亚都可找到。因此，民族考古学确实有助于我们对物质文化遗存做出准确判断。

怎样看得更远

通过《中国古代物质文化》一书，我们可以看到，孙机先生作为博物馆中的"物质文化"研究者，为我们呈现了另一个不同于"历史文献"路径的古代中国。他用图像志结合考古发掘材料，对古代文献中的物质生活做出了全面的叙述，描绘一种更真实也更

"接地气"的古代生活。也让我们对古代中国的物质成就，有了非常细腻和直观的认识。当然，如果吹毛求疵的话，在技术分析和民族考古学方面的糅合，或许会为我们呈现更丰富的文化维度。

　　记得几年以前，大英博物馆出版过一本《大英博物馆世界简史》，用一百件珍藏文物讲述世界历史故事。这同样是一本出色的"物质文化"研究作品，它用物质呈现脉络，用文物展现世界的思路，给读者留下了深刻的印象。站在一个全球化的历史阶段，中国的"物质文化"正以一种全新的方式影响着世界，用世界的眼光来看中国，用中国的实践来回应世界。结合前辈提供的学术积淀，这或许是我们新一代物质文化研究者站在前人的肩膀上，更深入运用各种新技术、新思路，审视中国和世界古老联系的当代表征的新契机。

5.　面对万物起源，心眼明晰洞彻*

"新考古学"的先声

　　《事物的起源：简明人类文化史》这样雄心勃勃的标题在学术发展更加严谨、更加进步的今天已经很难看到了。然后，知识的积累让我们更谨慎思考的同时，也越来越多地消磨了我们探索的勇气。虽然写于半个多世纪之前，但德国人类学家利普斯对小到"碟

---

　*　本文为利普斯所著《事物的起源：简明人类文化史》一书评论，原文发表于《南方都市报·阅读周刊》（2011 年 8 月 2 日刊）。

子和叉子、椅子和化妆品、戒指和手镯、饮料和酒"，大到"社会保障，特别是含义不清的'民主'问题"，巨细靡遗追根溯源的考察，让我们在激赏他的壮志雄心之余，也不由得对这些我们日常生活中各种事物的起源有了多多少少的认识。

利普斯对事物起源的研究，基本都使用了一种我们称为"民族考古学"的方法，"以今证古，推己及人"——用世界上现存民族或人群中，未被现代工业技术所取代，传统的仍在使用的生活方式，去比拟那些古风时代，已经远离我们而去的生活与传统。虽然这种方法在被"当代最具影响力的考古学家"路易斯·宾福德（宾福德今年 4 月上旬去世，在此谨表致敬[1]）重新发掘出来之前，已经远离流行很长一段时间了，但在此之前，利普斯利用世界各地民族志与考古材料相互结合，通过描述，不刻意追求类型学类比解释的做法，或许称得上宾福德"新考古学"的先声。

值得一提的是，本书的译者汪宁生先生亦是国内著名民族考古学家，一生热爱民族考古事业，在"文化大革命"期间，"生活无聊，心情压抑"之际，"蛰伏于云南泸溪县农村一间破屋中继续翻译此书，聊以遣岁"，正是这本著作，伴随他度过了生命中的艰难岁月。换个角度来想，若是能对世界万物的起源打开明晰洞彻的心眼，纵使荒诞的社会戏剧、狂暴的集体无意识行为，也能追溯本源，在巨大的社会灾难面前，或许就多存了一眼理性的甘泉，能使人涤心，能使人明目。那么下面也让我们一道追寻利普斯的脚步，探索事物的起源。

---

1 路易斯·宾福德于 2011 年 4 月逝世。

如何追溯事物的起源

《礼记·王制》提到，"东方曰夷，被发文身，有不火食者矣。南方曰蛮，雕题交趾，有不火食者矣。西方曰戎，被发皮衣，有不粒食者矣。北方曰狄，衣羽毛穴居，有不粒食者矣。中国、夷、蛮、戎、狄，皆有安居、和味、宜服、利用、备器"。这条古老的民族志记录至少包括了装饰艺术、食物、服饰、建筑技术、农作物种植等方面的观察与比较。

如果《礼记》时代的作者知道因纽特人住在冰块筑成的"雪屋"当中，世界各地共享"湖居文化"的古代居民"在靠近湖岸或沼泽地带定居，导致桩上房屋的建造……距地面1~3米或更高，建成一种和谐而宽敞的样式"，布里亚特人帐篷的炉灶中住着火的精灵，婆罗洲、波利尼西亚和密克罗尼西亚的民族志中，流行"火犁取火"，那么是不是能写出更加丰富的比较记录，并促发一些超越后来孟德斯鸠"环境决定论"——"地邑民居，必参相得也"——以外的思考呢？

话说回来，我们到底该如何追溯事物的起源？虽然利普斯没有直接告诉我们，但通过他的叙述策略我们可以大致推测：比较方法或许是不错的。如果我们能把世界上所有关于"生火"或"筑物"或"烹饪"的方法都集中在一起，那么通过比较，我们可以假设，这些生活方式中用到方法、技术最简单，工具最不复杂的那种，最可能接近原初"起源"的状态。当然我们也可以进一步借助文献，用现存的简单技术来验证历史记录中的"只言片语"，把抽象的文字还原到一种相对具体的图景。

借用"史前人类"的视角

"1970 年，长期致力于水稻增产研究的袁隆平在海南发现一株天然野生稻，通过对这株'野稗型'野生稻的研究，培育出水稻三系杂交良种，使中国水稻产量提高了 15%~20%。"袁隆平认为，野生稻是栽培稻的原始祖先。这一点得到利普斯的证实："北美大湖地区收获经济的重要产品是野稻和野生燕麦。……齐佩瓦人和苏人之间发生的多次流血战争，就是为了争夺野生稻谷地。"那些生长在河流、湖泊和沼泽边缘近岸边大量的野生稻，养育了大量苏人和阿尔衮琴人。每当收获季节，人们驾着独木舟驶入天然湖泊收割稻谷，"妇女把青苗一捆一捆地扎起来，防止风吹损坏或为水禽所食，也使以后的收割易于进行。野稻成熟了，采集到独木舟中，用桨或长叉驶出野生稻谷地"。

我们心中的收割景象，都是农人们三五一组，在稻田中俯身挥舞镰刀的身影，却从来没有想到驾船去收获的情景。可今天水稻种植过程中仍然必不可少的"水褥"，几乎完全还原了其野生祖先在溪谷涧边、湿地湖泊中生长的原貌。那么从野生稻向人工种植的转变，又带来多少生活方式的改变呢？既然水中自有天生"良田"万顷，那么史前人类的"湖居文化"就变得易于理解，那些"刳木为舟，剡木为楫"的生活，以及水滨"干阑"式建筑的桩洞遗迹，就是与之相配的生活原型。

再回到"王制"的记载，其中提到了"被发文身不火食者"，提到了"羽毛穴居不粒食者"，却独独没有提到那些极有可能"楫舟水居的颗粒食者"——这会是"王制"记录者本身的生活方式吗？

　　不仅与舟楫相关的起源为我们所知，陆地交通工具也起源于欧亚内陆草原，"中国北部所谓'大车'用于长途旅行，在两轮之上安装着篷帆似的结构，使人联想起美洲开辟者的大篷车"，这同时也是蒙古草原上牧民的"房屋"与运输工具。这使我们想起著名的"多友鼎"的铭文，周厉王的将领"多友"曾在一次针对游牧人的攻击中，"孚（俘）戎车百乘一十又七乘"，这显然不是金文研究者理解的后来意义上的战车，而应作为一个更加复杂的"社会单位"来对待，因为车辆本身就是戎车主人的"房屋"与家庭。

　　早期人类的生活方式必然有与之相应的生态环境，并因此产生出一套完整的生活的"逻辑"结构，只是，我们更应该使用"史前人类"的视角，而非站在今天的立场。从这个意义上讲，一切考古学，其实都应该是"民族考古学"。

回到知识的原点

　　"原始时代没有亚里士多德、伽利略、伏尔泰、爱迪生或贝尔，没有一个人能被承认或尊崇为最早的发明家。并非有人'灵机一动'，就发明了第一把石斧、第一个编织的篮子、第一座风篱或第一件皮毛服装；所有这些发明形成一道链条，它是一代一代无名发明者逐步积累而锻造成的。"

　　今天美丽的瓷器，来自原始的制陶技术，通过世界各地不同地区制陶方法的展现，我们至少知道五种"初级"方式，其中最著名的当然还是"泥条盘筑"法，而陶轮的出现则是"具有革命性"的，并沿用至今。

同样，逝去的辉煌"青铜文明"留给我们无数精美绝伦的艺术瑰宝，"中国商代青铜器的制作，遵循着固定的艺术传统。这些青铜器在墓中埋藏了几千年，现出典雅的铜绿"。可是这些精美的器物是如何制造的，在欣赏之余，留给我们更多想念，于是我们可以看到喀麦隆、尼日利亚和多哥部落中常用的"蜡模铸造"技术，"先用蜡做出所要物件形象的模子，外面加上砖的粉末或石灰做的范，干后钻出通气孔和铸口，将范放在火上烧，使蜡融化掉，便可倒入金属溶液"。这便是青铜器制造的"失蜡法"。虽然中国青铜器早期多用"模铸法"制成，但"失蜡法"的传入，使更复杂、更精细的铸造成为可能。而且时至今日，青铜雕像的铸造，仍然延续了这种古老技艺的原理。

此外，纺织技术的"经线"与"纬线"的基本原理，不但诞生了各种从最简单的单杆织机，到复杂的提花机，甚至电脑控制的纺织机，甚至连各种竹编、草编工艺，都来源于此。而在纺织技术出现之前，波利尼西亚的人们把"面包树、无花果树和桑树等韧皮……从树上剥下，浸泡使软，用特殊的棒或槌拍打成轻柔的纤维，最后做成质地上比纺织出来的还要好的产品"。同一原理还成为造纸术的源头。

这些事物的起源，应当还包括一个很长的名单，从教育到表演，从巫术到科学。每样东西都有自己的故事。一方面，民族考古学给了我们足够的研究方法，虽然利普斯只是把每样事物通过比较，还原到一种最简单的状态来寻找起源，且这种方法本身存在很大争议，但是那种将物质文化材料还原到生活结构中，用"史前人类"的视角来看待文化的方法，无疑是有启发意义的。

　　而另一方面，正如我们从人类学家马林诺夫斯基《巫术、科学与宗教》一书的题目中得到的启发，作为宗教起源的巫术，同时也是原始人的"科学"，而且有时也改头换面，以"传统文化"或"先进思想"的形式，向我们兜售各种经不起推敲的"拼凑理论"。追溯事物的起源，剖析"理论"的内在逻辑，令虚妄无处藏身，或许是利普斯先生留给我们最好的思想遗产。

6. 考古的主流与"暗流"*

　　1929 年春,顾颉刚所编《现代初中本国史教科书》被国民政府所禁,原因是书中把"三皇五帝"当成传说而非真实的人物。时任中山大学校长的戴季陶认为,"'中国所以能团结为一体,全由于人们共信自己为出于一个祖先',若依顾颉刚的说法,则必将'动摇了民族的自信力,必于国家不利'"(施爱东,《创立一门新科学》)。于是乎,学术真理为政治让道,将近一个世纪前已被"古史辨"派认识的道理,在时至今日的教科书上依旧是凿凿如斯人的"三皇五帝"。

---

* 本文为徐坚所著《暗流:1949 年之前安阳之外的中国考古学传统》一书评论,原文发表于《南方都市报·阅读周刊》(2012 年 6 月 3 日刊)。

我们的学术史上，有许多顾颉刚，也有许多戴季陶，他们之间的互动塑造了我们的学术过去；有些观念因此变成了主流，而另一些则成了"暗流"。那些"暗流"并没有因此消失，它们只是静静地等待我们的发现，并最终汇合成我们的学术史。中山大学历史系徐坚老师的《暗流：1949 年之前安阳之外的中国考古学传统》就带领着我们寻访那些几乎被遗忘的暗流，引导我们发现中国考古学的"真相"。

安阳殷墟，是中国考古学的里程碑，是任何一本中国考古学史的重中之重，是李济、董作宾、中央研究院史语所的学术成就，是商代历史的最真实证据。然而，《邺中片羽》和《河南安阳遗宝》展现了国家考古背景之外"中央与地方、本邦与他国、科学发掘与牟利盗发"这三组不同的传统关系。中国考古甫立，在各种体制尚不完善的情况之下，占据主流的并不一定是我们后来看到的学术考古，更为一时著名的，可能是"通过非科学渠道发掘和流散"的器物，而地方政府与国家科研机构的角力过程，似乎也很好地折射了"国家观念"在 20 世纪初的渗透。

抗战战火让国民政府避地西南的同时，也让新生的中国考古学转移苍洱之间，一如社会学人类学的"魁阁工作站"，移居李庄的中央博物院吸收了在安阳逐渐成形的考古范式，"以国家整体性观念阐释西南计划"。步骤就是"从晚到早的逆推，即确定晚期汉文化的遗存组合，进而推导出汉文化出现在西南之前的土著居民文化"。吴金鼎等对洱海平原一带的发掘在抗战期间尤盛，但随后渐渐成为"中心—边缘"模型中的后者，失去活力。

与此同时，云南博物馆、广州黄花考古学院以及上海市博物馆的考古学社都是与之类似的早期尝试，黄花考古学院对西江流域的发掘以南越国考古为主体，上海的考古学社则继承了金石学和古器物学的传统。一时之间，各地学者都结合当地条件，以自己的理解回应着刚进入中国的现代考古学概念。

这些早期尝试中最可贵的，当然要数对多元文化和地方传统的发掘。1949 年之后的中国考古学传统，由于民族主义的流行，有意无意之中继承了国民政府时期的"文化一元主义"，逐渐忽视了对考古文化多样性的传承。但是，以云南、越地为代表的一批考古成果曾经尝试向我们揭示更多的可能。张希鲁对昭通地区"梁堆"的发掘，打开了与"朱提堂狼洗"有关的爨、汉文化融合的历史。而以铜鼓研究为中心的民族考古学，则在将器物类型学引入中国民族文化研究的同时，也尝试超越地域局限，探讨民族（人群）在更广阔时空中的分散、传播。

当然，也不是所有传统都被一元论埋没。商承祚参加过的长沙楚墓挖掘，虽然后来难免激发了"土夫子"对当地古墓的盗掘，但这对湖湘文化的根基有着不可忽视的意义，而后来该地区大量楚简、秦简的出土，也改变了人们的传统认识。商承祚的作用还不止于此，与他相关的还有遍布整个南方地区崖墓的发掘工作，尽管"崖墓自蠡测和玄想进入到科学调查和阐释的范畴应计为域外调查者和研究者之功"，但商承祚与同仁的一系列开创工作，对其中多元化传统的贡献却不应磨灭。

20 世纪上半叶的战火确实困扰了中国考古学和其他诸多人文、社会科学的发展，但我们仍能感受到卫聚贤、冯汉骥、商承祚、容庚、凌纯生等学人在那个时代付出的努力。那些努力如同顾颉刚一个世纪前的洞见一样，不应该就此沉入"暗流"。寻找昔时的传统，也为我们今天找到更多元的价值和理念。我们相信，包括顾颉刚在内的学者的努力，将很快成为更多求真之士的共识。

7. 作为现象学的考古学[*]

中山大学历史系的徐坚教授最近出版了《时惟礼崇——东周之前青铜兵器的物质文化研究》，恰好我也研究"三代"，研究青铜器的制作原料，还关心先秦时期铜矿原料的获取手段，唯独对兵器疏于认识，正好就用这本著作取长补短。

我们知道，东周以前基本上流行青铜器，再往后铁器开始流行，铜器在当时生活和考古发掘中的比例显著下降。青铜是一种铜、锡、铅的合金，这几种矿石主要都分布在中国的南方，具体是长江以南。商、周时期的人们都热衷获取这些矿石原料，从而引发

---

[*] 本文为徐坚所著《时惟礼崇——东周之前青铜兵器的物质文化研究》一书评论，原文发表于《南方都市报·阅读周刊》（2014 年 12 月 28 日刊）。

物质、人口和文化的流动，比如说商、周远征淮夷的战争，就与江南的铜矿石有着密切关系。

当这些远方的铜料流入王朝的核心地带，相当大规模的铜器作坊就开始工作，矿石被加工成各种样式的青铜器皿。其中的样式非常繁多，有鼎、簋、罍、卣、爵、尊等种类，分给与王室有关的重要人士，通常是在战争中立功，或者是新任诸侯即位得到王室的认可，有的可能是因为诸侯去世。许多器物上往往还撰有赠予这些器物的原因，因此我们才有机会了解它们的用途和意义。这些青铜器在主人去世之后，大部分还会随着一同下葬，等待上千年之后被后人挖出，重见天日。由于在《仪礼》等文献中会提到器物的具体搭配和数目，对应不同的社会等级，因此，在考古发掘中出土的用来体现墓主具体身份、地位的随葬品，又被称为礼器。

礼器其实是一个非常宽泛的分类。我曾经开玩笑地和人说过，凡是考古展览中标明"礼器"的物品，通常暗示，今天包括研究者在内，都没搞清这件器物的具体用途，这个庞大的分类中，我们可以举出玉璧、玉琮、玉璋，其实都不知道原来是怎么用的。当然，礼器不仅是随葬品，按照《论语》"天下无道，则礼乐征伐自诸侯出"这句的讲法，礼器在诸侯活着的时候就已经在用了，只是诸侯死后与其一起下葬。所以礼器很可能包括诸侯生前的大部分物品，比如青铜制成的食器、酒器、乐器，还有竹木漆器。鉴于青铜食器、酒器或是乐器体量巨大，通常还有重要的铭文留下，所以一直被视作礼器类别的最主要构成。然而，我们很可能忽视了在墓葬中还占据非常大比例的"兵器"，徐坚认为，兵器也是礼器的一部分，不提兵器，礼器就不完整了。这就是《时惟礼崇》这本书说的第一个意思。

研究礼器有什么意思呢？一方面可以证明古代中国是个等级

严密的礼仪之邦，另一方面可以显示研究者的博大精深。因为光是这些器物的名字，比如，在食器这个大类下面，就有鼎、鬲、甗、簋、簠、盨、敦这几种，一般非研究者认全这几个字儿也挺有难度，我有时也要看着说明牌的拼音才不会念错。

再拿鼎来说，虽然许慎的《说文》里讲了，"鼎，三足两耳，和五味之宝器也"，我们头脑中能想到的比如有"后母戊方鼎"或者"大克鼎"，但这就有两类了，一种是四足方鼎（商代），另一种是三足圆鼎。再按照鼎的足来分，就可以分为锥足、扁足、柱足还有蹄足。这有什么讲究呢？锥足和扁足基本出自商代且锥足更早，柱足和蹄足则是周代才出现的。再加上鼎耳的变化，种类就更多了。由于不同年代不同地区生产的铜鼎具有一定的稳定性，那么对于没有明确出土情况，或者没有铭文或其他断代材料一同出土的器物，也可以按照其基本形状或纹饰判断大致情况，这就是一种考古类型学，也可以说是现象学在考古中的应用。这意味着，对于普通观众而言基本差不多的一大类青铜器，在考古学者眼中，其实存在非常众多的差异，并能提取相当丰富的信息。

比如说，考古研究者根据山西临汾陶寺遗址"礼器组合种类齐全……看不出'重酒好酒'的倾向。这也大大不同于后来二里头至殷墟王朝以酒器为主的'酒文化'礼器组合"判断，该遗址与河南偃师二里头遗址缺乏直接联系，在逻辑上是可以接受的。

如徐坚所言，"从二里头时期开始，青铜兵器就已经成为墓葬器物组合的重要成分，并一直持续到秦汉时期，其丰富程度仅次于青铜容器"，说明青铜兵器其实很应该研究。前人把食器、酒器、乐器这些青铜容器研究得很透彻了，但对于兵器除了分为戈、矛、铍、戟、斧钺、短剑、铜刀、矢镞和盾这几类外，就没有深入的讨论了。一个原因可能在于，除了少数有铭文，如越王勾践剑等，基本没有文献价值，即使有字在数量上也远不如铜盘、铜鼎的表面积巨大，所以在以往难免被人忽略。

那么青铜兵器是否并无研究价值呢？答案是否定的。和青铜鼎的样式多变一样，青铜兵器也有非常丰富的变化。而且研究方法和青铜容器一样，同样适用现象学。这是《时惟礼崇》这本书说的第二个意思。以铜戈为例，徐坚延续李济的构想，将其分为两大类，分别是夹秘戈和銎式戈，又各有两个亚型，一共四种。按照装柄的方式进行分类，夹秘戈就是把像匕首一样的戈绑在木柄上，而銎式戈就像锄头一样，后面有个孔，直接把柄插在里面就可以了。接下去，还可以从商周之间的时段和流行地域上进一步考察。这种基于具体兵器比如矛、戟的类型学研究可以延伸到所有达到一定出土数量的兵器。

此外，从"情景分析"的角度，在一个遗址中，兵器与礼器的数量对比，放置位置、种类，以及是否在埋藏前有过认为折断的痕迹，都可以成为观察和提取信息的一部分。比如，提出了"戈－矛组合和钺－刀组合等社会等级表达方式"。当然，在作者多次强调下，我需要突出一下这项"物质文化"研究，通过现象学分析，我们可以从青铜容器之外的铜兵器、玉器之外获得很多以往没有注意到的信息。

但不得不承认的一点是，其实我们现在还很难非常有效地利用这部分信息。考古类型学的确能给某个较大的理论范式提供可靠的证据，但始终无法独立支撑一种准确的推断。因为我们始终难以评估，所掌握的出土材料占当时生活的比重和程度。同时，中国考古学传统中，注重"礼制"的研究范式，或许也难以概括生活的全貌。"礼"并非一个当代学术语言中的词，当我们将其"翻译"过来的时候会发现，这个宽泛的拥有"社会等级、行为规范"等多重含义的术语,其实缺乏一个更具体明确的指代对象。那么,今天的考古者,究竟要通过被称作"礼器"的物质文化遗存,揭示一种颇为模糊的社会范畴,还是回答另一些我们更关心也更易于给出思考空间的问题?比如,这些物品的生产,原料的运输和交换,以及背后的再分配体系,都是一个值得探索的问题。

8. 北京人、山顶洞人、尼安德特人，你还知道什么人？[*]

　　北京人、元谋人、蓝田人、山顶洞人、尼安德特人……我以前应付人类学考试时，最讨厌的就是记诵这些奇奇怪怪的"人名"。我不知道有多少人和我当初一样，被这些"人"的来龙去脉搞得一头雾水。

　　许多年过去，我终于搞明白"山顶洞人"不仅住在"北京人"楼上的山洞里，他们之间其实分别属于智人和直立人两个不同的系统。然而，那些露西古猿、爪哇直立人，以及尼安德特人隔壁的克罗马农人，又属于何种序列？要在最短的时间里，把这些永远散发

* 本文为伊恩·塔特索尔所著《地球的主人——探寻人类的起源》一书评论，原文发表于《南都周刊》（2016 年 8 月 2 日刊）。

谜之魅力的人类起源问题粗粗弄懂，有一本不很厚的科普书可以读一下：《地球的主人——探寻人类的起源》。

书的作者伊恩·塔特索尔是美国自然历史博物馆人类学部的荣休主任，他谈起地球上曾经出现的各种"人"，完全是简单粗暴直接。他首先告诉我们，现在发现"最早的原始人类"是"阿法南方古猿"。其中最著名的一具化石名叫"露西"，顾名思义，这是一具女性骨架，距今大约318万年，已经具有了双足直立行走的能力。所以，被划入人类范畴始祖的就是这些"南方古猿"（逻辑上讲，好像总有点儿什么不对劲。）

接下来的200多万年中，这些会直立行走的古猿多次走出非洲。率先在欧亚大陆形成的种群是"直立人"，相对较晚在欧洲形成的是尼安德特人。塔特索尔用比较浪漫的笔调把那些史前人类做了大开大合的分类。"生活于酷热的亚洲东部地区的直立人、生活于冰河时代的欧洲的尼安德特人，以及生活于非洲的智人种的先驱，在这三个谱系都独立地'发展'出了较大的大脑。"可以说，这是直立人、尼安德特人、智人先驱"三分天下"的时代。

我们迅速明白，生活在史前亚洲的北京人、元谋人，以及爪哇人化石属于一类，他们都叫直立人。会使用石器，据说还会用火。值得一提的是，这些直立人是一个已经灭绝的人种，和今天在中国、东亚的现代人没有一丁点儿血缘关系。更晚的尼安德特人同样起源于非洲，比直立人晚一点儿进入北方。在西亚、欧洲寒冷多变的环境中，他们发展出身材矮小、四肢粗壮、额头宽广、一头红发的特点，电影《疯狂原始人》基本就是按照尼安德特人的外形设计的。

很遗憾，无论是直立人还是尼安德特人，这些早批次离开非洲的先驱，都被我们的直系祖先智人取代了。"最晚在距今不到6万年以前，认知意义上的现代人就已经出现在欧亚大陆了。"这些后起之秀在极短的时间里抵达了东南亚最远端的新几内亚、澳大利亚，替换了过去百万年中生活在欧亚大陆上的直立人、尼安德特人。换一种说法，后者很可能是被智人们消灭的。所以，今天世界上所有的人类，无论肤色是红、黄、黑、白，说什么语言，信什么不同宗教，其实都是同一人种，都是 6 万年前离开非洲的最近一批智人的后代。

当然，关于人类起源的问题还有很多没有解开。比如，人类是怎么进化的。书中倒是透露了一点儿线索。考古证据显示，现代智人离开非洲进入欧亚大陆的道路并不是一帆风顺的。在早期"走出非洲"的尝试中，智人曾多次被尼安德特人赶跑。"这些人就撤回了非洲大陆（或者，更加可能的是，他们都死在了'远征'过程中）"，"直到我们这个物种已经拥有了以往明显缺乏的认知能力和技术优势之后，才重新回到了这里"。

显而易见，人类的进化似乎和迁移有着密切关系。人类的发展并不是从非洲出发后，就前往目的地的康庄大道，而很可能是周而复始的探索之旅。正是这样从热带前往温带，或从寒带返回温带的循环之路，使人类发展出了智慧——比如，在寒冷地带"迫不得已"发明的用火技术，让那些"盗火"的人群在不会用火的温带人面前，仿佛天神下凡。说到底，在迁移过程中基因和文化的交流，让最后一批走出非洲的智人成为我们共同的祖先。

现在，我们复习一下功课，教大家一个最简单的考试技巧。东亚历史上基本可以分成两种人，先来住在楼下的北京人是直立人，后来住在楼上的山顶洞人是智人。他们的分界线是 6 万年前，比这个日子早的都是直立人，比这晚的都是智人。中国史前古人绝不超出这两类，搞不清也可以蒙一个。凭这两点，就可以任你在任何博物馆的人骨化石展区装装大咖了。

9. 变暖与严寒，我们如何选择？*

我们的世界，正在变暖

有些人并不相信，认为这是个大谎言，比如美国现任总统唐纳德·特朗普。他将"全球变暖"视作一种限制美国工业发展的阴谋，并在上任之初，退出了旨在应对全球温室气体排放的《巴黎协定》。此举立即遭到全球绝大部分环境科学家的反对。

---

* 本文为布莱恩·费根所著《大暖化》一书评论，原文发表于《南都周刊》（2017 年 10 月 16 日刊）。

对于全球变暖，我们是不是比特朗普知道得更多一些呢？我们从《动物世界》之类的节目中，见到北极冰原融化后，夏季捕不到海豹，饿得奄奄一息的北极熊。或者得知冰山消融，导致海平面上升后，岛国或沿海低地会被淹没。除此之外，全球暖化对人类和自然界，到底还存有哪些潜在威胁？

美国加州大学巴巴拉分校的人类学与考古学教授布莱恩·费根（Brian Fagan），是一位环境史的积极倡导者。在过去 20 多年中，他以《大暖化》、《洪水、饥馑与帝王》以及《小冰河时代：气候如何改变历史（1300~1850）》等一系列作品，成为气候史领域最高产的作者之一。费根从历史的角度为我们描绘出了全球环境变暖对当代人类的深刻影响。

在费根教授看来，作为主要在热带地区完成进化的物种，人类在天性上是"趋暖避寒"的。在人类文明史上，早就经历过不止一次的暖化阶段了。

我们可以单纯地推断，如果冬天更暖和一些，我们的生活环境可能会更加宜居？如果北方冰原下的冻土消融一些，我们可能会得到更多的耕地？这样的想法貌似挺合理，但费根教授泼了一盆冷水："图样图森破"。

一对如影随形的孪生子

确实，由于地球旋转角度的细微变化，以及太阳辐射等原因，中世纪的人们曾经历过几个世纪的温暖时期。这数百年的时间里，欧洲人"大多数年月里收成富足，人们获得了充足的食物。……葡萄园的规模随之逐渐扩大，扩展到了英格兰南部和中部"。与此同时，"12 世纪时冰岛人在北部海岸培育出了大麦"。

随后，费根又描绘了中世纪暖期消失后的情景："1215 年，欧洲东部冬季格外寒冷，导致了大面积饥荒。数千名饥饿的波兰农民绝望地涌向波罗的海沿岸，徒劳地期望能在那里捕到鱼。"

同时，维京人也很快放弃了他们在格陵兰岛的殖民地。饥饿造成的大量人口死亡，最先出现在向北拓展的农业殖民地，接着向南推进。自然很快收复了它之前暂时放弃的领地。

温暖与严寒，富足和饥荒，就像一对如影随形的孪生子，在人类历史上交替出现。为什么大自然在给人类带来福祉之后，又必然毫不怜惜地夺走这些赐予呢？

这个问题的答案就藏在众所周知的令全球变暖的"温室效应"里。这种自然效应，在很大程度上为人类的生存提供了保障。"正如温室的玻璃窗一样，大气气体中水蒸气和二氧化碳吸收了部分热量并将热量反射回地球。如果没有这种天然的温室效应，地球的温度将降为约 −18℃，而非现在舒适的 14℃。"

通俗地讲，天然的温室效应能使全球气候变暖，促使两极冰盖融化，令海水中的盐度下降，"关闭向深海运输盐水的沉降流"。

原本，大洋中沉降流的作用在于，寒冷的含盐海水向下、向南流动，推动热带地区的温暖海水向上、向北流动，给北方沿海带来温湿的洋流。而当沉降流消失之后，全球气候就又会周期性地转冷，再度使两极的冰雪凝固，恢复深海沉降流，而后，迎来又一个暖期。

就这样，全球气候以冷暖交替的方式，塑造着人类的历史。

失控的冷热循环

然而，随着工业革命以来化石燃料的排放，大气中温室气体已经大幅提高，使"温室效应"朝着不可逆转的方向，走向了它的反面。

它通过更大的"自然之手"，施加在受季风影响的地球人口最多的温带地区。和洋流一样，寒冷的北方冷空气与暖湿的热带空气在季风带相遇，降下了充沛的雨水，为农业提供保证。

然而，伴随全球气温升高，北方冷空气却变得越发无力；往年季风带来的降雨，会突然失期，只留下孤独的热带空气和干旱、饥饿的威胁。20 世纪末在饥荒中苦苦等候降雨的南亚和非洲灾民，便像是数百年前欧洲的饥饿农民一样，成了这场失约的受害者。

由此看来，化石燃料引起的全球变暖，绝不是特朗普先生眼中的一场"阴谋"。从"大暖化"和"小冰河"的故事中，我们看到了一个对人类未来具有深远影响的真实存在。今天的全球升温，将在未来化身洪水、旱灾的厄尔尼诺、拉尼娜现象等，重新加诸在我们身上。从这个角度讲，费根正在教会我们用气候史的视角，来审视我们当下的行为和对未来的决策。

不管怎样，面对暖化，人类的经验告诉我们，无须惊慌，但应采取行动。用洁净的新能源，减少化石燃料使用，减少不必要的碳排放份额，擦净"温室"的玻璃，还我们一个真正的凛冬和湛蓝的天空。

10.　大象快被中国人吃完了？*

　　英国环境史教授伊懋可的大作——《大象的退却：一部中国环境史》出版了中文版。看名字就让人兴味盎然，大象是有趣的动物，甲骨文里就有"象"字，《吕氏春秋》里说"商人服象，为虐于东夷"，说明至少在商代时黄河流域还生活着众多大象。另外，河南省的简称"豫"字，就是一幅人牵大象的象形画。

　　我们还知道，大象是一种温暖的动物，想想今天《动物世界》里播放的非洲象、亚洲象都生活在热带地区。历史上存在的猛犸象除外，这种长毛巨兽其实和大象并不是亲缘很近的生物。但今天中

---

* 本文为伊懋可所著《大象的退却：一部中国环境史》一书评论，原文发表于《南都周刊》
　（2015 年 4 月 16 日刊）。

国大地上大部分地区已经见不到野生的大象了，只在中缅边界的几个小块自然保护区里和缅甸、老挝共享了几群亚洲象。如果哪天越境移民了，就真的没了。

大象是怎么从中国中心地带一路向南消失无踪的，的确是个有意思的题目。伊懋可说，在周代时，大象就已经从河南北部，退到了淮河北岸。《诗经·鲁颂》里的："憬彼淮夷，来献其琛，元龟象齿……"表明，淮夷的贡品就有象牙。汉代时的《淮南子》提到，长江流域，"地宜稻，多兕象"，说的是南方不但有犀牛还有大象。

可惜作者的观察不太尽责，从汉代一下子就跳到了唐代，这时的大象只分布于中国东南地区，唐朝人刘恂《岭表录异》说潮州、惠州一带，"多野象，潮、循人或捕得象，争食其鼻，云肥脆，尤堪作炙"。虽然鼻子很好吃，但大象到南宋时还没有因为味道诱人而消失，南宋洪迈的《夷坚志》里记载，潮州有一群大象曾经围困过地方长官。这时甚至在湖北黄陂还有人目击到大象"匿林中，食民苗稼"。再往后，守卫西南的蒙古军队曾经率领由大象组成的部队对抗过明朝的大军，骑在大象而不是马背上的蒙古部队可能是有点儿"混搭"。至于明末抗清过程中用大象抵抗清军南下的尝试，是中国最后一次有关大象的军事化应用了。

然后，中国就见不到大象了，只有云南边境上那一点儿。可到这段时，这本正文将近 500 页的《大象的退却》才说到 20 页，大象在书里就再也没有出现过了。作者话题一转，讨论起另一个沉重的问题，大象为什么会消失？倒不是纯粹因为象鼻好吃，被古代中国人给吃完了，而是因为大象需要温暖的森林，而人类的生活需要农田。正是千百年里中国古人毁林造田的行动，把大象生活的森林改造成了田园，森林对水分的涵养功能下降，原先散布在华北平原上的九个巨大湖泊大部分干涸。森林和巨大水体的消失，造成了江淮流域从商代至今年均气温下降了好几摄氏度。这才是热爱温暖环境的大象消失的真正原因。

作者在这本名为"中国环境史"的书里剩下的巨大篇幅里,讨论起了中国农业开发史,让人觉得有些乏味。相比之下,我更希望看到"老虎的退却""鳄鱼的退却""江豚的退却""猩猩的退却""蟒蛇的退却""熊猫的退却"。如果作者能确确实实花些心思好好写一些动物与人的互动,这本书还能变得更好看一点儿。毕竟,这些富有灵性的动物在中国古代的笔记、小说、评话、演义中占据了相当的比例,大象在《西游记》中经常出镜,老虎们在《水浒传》中是不亚于武松、李逵的重要角色,而韩愈写的那篇《祭鳄鱼文》给我们留下了唐代潮州另一种动人的生态情景。关于大象的故事怎能就这么结束了呢?

说实话,我甚至想到了为《大象的退却》写作一个续篇的框架:随着中国本土大象的退却,明代日益罕见的象牙制品数量,在清代中期后却突然爆发。广州陈家祠博物馆里展出的大量精美象牙雕刻制品,就出自清代广州雕刻家之手。另外,在19世纪波兰裔英国作家康拉德小说《黑暗的心》当中,深入非洲内陆的欧洲探险家正驱策着非洲土著,跋涉在黑暗的象牙之路上,甚至在非洲留下了后来易名为科特迪瓦的"象牙海岸"。

什么都不用说了,正是来自中国的物质需求,乘坐着早期"全球化"的快船,再一次开启了"大象的退却",不过这次轮到了非洲大象。好在,国际组织对象牙交易的禁令,已经遏制了大象的消失(现在还在私下交易的象牙制品,基本都是俄罗斯发掘的猛犸象牙化石)。人类收敛了自己的欲望,动物就能获得喘息的机会。这对"消失的大象"算是个好消息吗?

第五编　诸野

　　回到研究的起点，我们研究史前文明，不仅是因为我们热衷在历史的空白处留下自己思考的痕迹，而且因为我们对人类文化普同性的坚信。希望那些从人类文明深处归纳总结出的模型，能帮助我们建立一种脉络，增进我们对不同时空中文化模式的认识。

　　从婆罗洲的热带猎头民族那里，我们可以找到人类精神世界的源头活水；从吴哥窟的丛林古寺幽深，我们会发现那种精神世界反诸人类社会的行为密码；从德钦的头人政治结构中，我们得以反思社会本身对更大结构的服从；从来自康定的帝国遗音里，我们得以辨识出人类社会默默遵循的互动、迁移法则。

　　而所有这些，都能从许多年前我从那些来自美洲、非洲，以及亚洲的不同文化之间发生遭遇的人类故事中，找到最初的启迪。"人类学，写历史"，这句话或许并不是出于一时的畅想。只有接入人类学所建立的丰富的异文化知识数据库，才能开启我们对历史的真正认识。

1. 简评《欧洲与没有历史的人民》[*]

1961 年伊文斯·普里查德在《社会人类学论文集》（*Social Anthropology and Other Essays*）中谈到"人类学与历史"时质疑道："（在英国）到底有多少学者可以写作一部印度史或是印度部分地区的历史（我并不是指英国统治下印度的历史）；或者是一部中国史（并不仅是涉及义和拳的）；或者是南美共和国史；或者是非洲民族史，即使只涉及非洲的一部分（我再次申明不是英国征服与统治非洲的历史）？"此时，埃里克·沃尔夫（Eric Wolf）可能仍在墨西哥进行田野工作，研究那里说西班牙语的农民；后来历

---

[*] 本文为埃里克·沃尔夫所著《欧洲与没有历史的人民》一书评论，原文发表于《中国人类学评论》2007 年第 4 辑。

史人类学的领军人物萨林斯（Marshall Sahlins）或许还在关心"新
进化论"。然而，人类学对"没有历史的人民"的兴趣，已悄悄
从那个"反历史"的时期，逐渐过渡到历史人类学大行其道的
时代。距普里查德提出这个质疑不到 20 年，沃尔夫的《欧洲与
没有历史的人民》（1982）回应了这个提问（尽管他并不是英国
人）。从沃尔夫的学术背景可以看出，他一方面深受马克思政治
经济学的影响；另一方面也对"世界体系"理论表现出浓厚的兴
趣，这从书中他不断展开与二者的对话可见一斑。毋庸置疑，他
在这本著作中向所有读者展现了广阔的世界图景，也体现了他拥
有将世界不同角落、不同文化下发生的不同变迁过程，整合到一
个共时视野中的卓越驾驭能力和理论雄心。

一　人类学，写历史

　　沃尔夫笔下的世界历史从 1400 年开始。他先描绘了欧洲以
外世界其他地区的人类生存状况（欧洲的扩张将在后面的章节谈
到），接着讨论了前资本主义时代"生产方式"的问题。世界即将
迎来巨大的变革，一切只因生产、劳动与需求关系的变化。生产
方式被划分为资本主义、贡赋制以及亲族制，俨然是资本主义与
非资本主义的对立。现在，欧洲以后来者的姿态徐徐登场，却代
表了将在未来推动世界历史发展的动力。有五个主要的欧洲国家
参与了这个进程，分别是葡萄牙、西班牙、荷兰联邦省、英国和

法国。

第二编"寻找财富"中,这种扩张的序幕就已拉开。与历史学家不同,人类学家眼中的历史由文化构成,人类的行为是构成历史的主体。所以对沃尔夫来说,葡萄牙如何占领休达港,如何占领今天墨西哥的印加王国,如何占领菲律宾都不是重点,都是可以一笔带过的"历史故事"。人类学的"历史"开始于文化间的联系发生之后。历史开端的标志就是新大陆上的贵金属输入欧洲,这对资金流入国产生了不同的影响,有的因货币供应过大而导致了通货膨胀,抑制了手工业与工业的发展(西班牙);有的成了原料和工业品的输出国,刺激本国资本主义的发展(荷兰、英国);另外,在新大陆上,由于本土国家的瓦解,土著社会围绕美洲帝国的生产需求发展出一套新的社会组织。或者也可以说,这是本土社会对外界社会整体结构变化表现出的迅速回应。

同时,这种类似的过程在殖民帝国扩张的其他地区也可以看到。那些人类学上熟悉的部落,从易洛魁人到黑脚印第安人,都迅速适应了这种变化的状况。他们通过与欧洲人的皮货贸易关系,也让自己的组织与仪式做出相应的变化。"夸富宴"变得更加奢侈,"太阳舞发展出一种集团仪式"[1],这些反应无疑都是相对积极的。与以往认为殖民扩张导致本土社会解体的观点不同,沃尔夫倾向于把这种变化当作一种合理与必要的反应。

在欧洲的南面,非洲大陆的居民也在欧洲人的压力下调整自身的社会形态。非洲最大的资源来自人口,这种需求受到新大陆自然资源开采的激发。沃尔夫没有依照以往的殖民叙事,评论奴

---

1 埃里克·沃尔夫:《欧洲与没有历史的人民》,赵丙祥、刘传珠、杨玉静等译,上海人民出版社,2006,第230页。

隶贸易本身，而是揭示了奴隶贸易与部落、国家形成之间微妙的关系。

这种过程也同样发生在欧洲人履足的其他地方，在南亚、远东，贸易以及利益的需求导致了这些人口众多的区域成为欧洲、美洲产品的倾销地；但这些地区原有产品的输出，也使这些区域成为全球市场不可或缺的一环。原先在地理上相对独立的空间，在资本的冲击下，逐渐与世界其他角落的人们建立起联系。人类历史上，"全球"在技术上首次成为一个整体。

二　与马克思对话

在第三编中，沃尔夫再次回到宏观的视角，探讨了工业革命、资本主义、商品、劳工这些传统上与政治经济学密切相关的主题。不过，他在处理这些宏大的主题时，关注的视角仍然投诸世界每个角落的关联性，以及在全球市场化浪潮的背景下，每一具体文化中应对变迁的独特方式。这与大贯惠美子（Emiko Ohnuki-Tierney）"当地（的历史）只有在更宽阔的背景下才能被充分地理解，这种背景就是世界体系、现代化，或者是殖民主义的发展……"[1]的观点非常相似。只是沃尔夫的侧重点在于，当地人的历史是如何接受全

1　Emiko Ohnuki-Tierney, ed., *Culture through time: Anthropological Approaches*, (California: Standford University Press, 1990), "Introduction: The Historicization of Anthropology，" p.23.

球化叙事的挑战。

经过近年来对马克思政治经济理论的分析，还原为社会理论家和经济学家的马克思成为早期全球化理论一个积极的对话者。只是他的理论过于抽象，也因为他过于关注经济现象而忽略了人们在经济生活背后的具体活动。而沃尔夫就是在这一点上，将资本主义的发展与文化、与民族有机地结合起来。无论是英国工人，还是南美农民，都不约而同地感受到资本主义的波澜。生产的专门化、分工化，对应到资本的流动性，使资本总是流向回报最高的地区。结果就导致某一地区及其中的民族专注于生产一种或几种特殊的商品。从粮食作物，到经济作物的种植；从矿产的开采，到奢侈品的生产；从职业需求，到行业分工，这不但是造成马克思所关注"人的异化"的原因，同样也导致了沃尔夫笔下民族、地区、社会阶层的"异化"。传统社会结构为应对这种外界环境的变化，通过社会组织的裂变、重组，继承关系、亲族关系的调整，信仰与认同的重构，转型成世界市场的一个有机组成。

世界上的每一个角落，要么成为商品的产地，要么成为市场，要么成为运输者或中间商；一个地区可能既是这种商品的产地，又是另一种的市场，或者是其他商品的运输者，更多的可能是同时兼具好几种身份。而这种状况对于个人而言，也有很大的影响，沃尔夫将其统称为"新劳工"，从而回避了传统上"工人阶级"这个缺乏说服力的概念。劳工的全球化，突破了原先族群和地域的统一，使族群与文化的多样性在全球化语境下得到更大的体现，也使人们更加关注族群、文化与政治、经济、社会阶层之间的互动关系。

三 没有历史的人民？

《欧洲与没有历史的人民》一书，留下了被广泛引用的"没有历史的人民"这一特殊的修辞。大贯惠美子认为沃尔夫所说"没有历史的人民具有非西方文明的'原始性'，而历史专属于有文字记录的人民，这是一种反讽的说法"[1]。毫无疑问，只有被忘却，被忽视，或者被虚无化的民族和历史，而没有历史的民族是不可能存在的。这正是历史人类学的研究目的所在：历史是如何被消解，又是如何被建构起来的。

通过比较沃尔夫与经典作家的作品我们会发现，无论是对资本主义以及全球化持支持态度的新自由主义经济学家，还是传统的马克思主义者，实际上都将非西方社会抽象化和对象化了。除了商品、资本、市场、制度……这样一些抽象的概念外，人类的活动被叙述结构系统化地屏蔽了。而在沃尔夫，以及他的同学西敏司（Sidney Mintz）、同事萨林斯这些拥有历史视野的人类学家那里，资本主义与全球化绝不是个遥不可及的主题，这些都可以在一支规模不大的人类群体的社会生活中体现出来。对于人类学家，这才是真正的全球化。

远方的人民并非没有历史，他们也不是资本帝国的附庸，"没有历史的人民"确然是种反讽的说法。每一个生活在世界上的族群，都是人类文化多样性的组成者。面对全球化的浪潮，他们通过各种

---

[1] Emiko Ohnuki-Tierney, "Historicization of the Culture Concept," in *History and Anthropology*, Vol.12, No. 3, 2001, p.215.

方式，调整自身的应对模式，以积极的策略延续本民族的历史。他们并非没有历史，只是以往的历史著作总是将他们的历史置于从属的地位。而人类学的意义就在于彰显这些"另类"历史的价值，使我们更清晰地辨认他们在历史发展过程中的轨迹。

2. 血色狂欢节与近世平等主义的萌芽 *

　　1580 年 2 月，法国东南部多菲内省的小城罗芒举行了一场丰盛星期二狂欢节。这场原本每年都要举行的狂欢节"盛况胜过往常，但却演变成了一场小城显贵对工匠的血腥伏击，工匠的首领们或是被杀，或是被投入牢狱"。原本规模盛大、多姿多彩的节日为何转眼变成了一场"血色盛宴"？虽然距今早已过去近五百年，但有一个卓越的微观史学大师却不愿让此事就此沉默，他决定从"罗芒的十五天历史，也就是短短的两周"钩沉出"伊泽尔河两岸的居民先是精心打扮，接着相互厮杀……躁动不安、绚丽多彩和血腥杀戮的

＊　本文为埃马纽埃尔·勒华拉杜里所著《罗芒狂欢节：从圣烛节到圣灰星期三 1579—1580》一书评论，原文发表于《南方都市报·阅读周刊》(2013 年 12 月 22 日刊)。

十五天"。他就是法兰西学院近代文明史讲席教授埃马纽埃尔·勒华拉杜里。

狂欢节的来由

曾经在《蒙塔尤》中细腻勾绘出 14 世纪法国南部一个山村的历史民族志，也曾在《历史学家的思想和方法》中用人类学视角透视"18 世纪的勃艮第乡村"的勒华拉杜里，将笔触从乡村转移到城市，把写作的主题从历史让位给了宗教民俗，显然不是为了描摹人们在"狂欢节"中极尽狂欢，而是要借助人们在这短短两周里的佯狂佯欢，折射出更大政治－经济背景在人类文化互动方式中的投影。

此外，作者的野心也不仅限于 16 世纪法国乡村一次狂欢节中出现的特殊事件。虽然距离 19 世纪末的法国大革命还有 200 多年，但深受法国"年鉴学派"耳濡目染的作者却颇为耐心地将这一限于一隅的小小事件还原，认为它就是引发二百年后惊涛骇浪、时代狂潮的那只蝴蝶翅膀曾经扇动的一次轨迹。正如作者所引马克思在《路易·波拿巴的雾月十八日》一文中不得不承认的那样："1789~1799 年的法国革命者穿上了很久很久以前罗马共和国和罗马帝国的旧衣裳。"

要理解 16 世纪一个小城的民俗节日，如何被建构为一场漫长"蝴蝶效应"的开端，首先就必须了解"狂欢节"这个在其他文化中虽不乏变体，但在基督教中尤为突出的节日。"狂欢节是封斋期之前的一项活动，却与封斋期大异其趣，这就使狂欢节最大限度地脱离了基督教教义"，勒华拉杜里这样解释道。正因为"封斋期中应该做的是禁食、禁欲和展现高尚的德行……是和平的时间，是上帝的停战时期"，狂欢节便与此截然相反，"它所推崇的是犯罪、美食和淫语、饕餮、放纵性欲、群舞、选举'国王'和'王后'、对富家佳丽潜在的性侵犯和威胁"。如此迥异的节日，是基督教文化中最有感染力的一项主题。这一节日之所以存在于基督教中，是因为有一个非常有趣的源头，"狂欢节是一种民俗的、乡村的乃至异教徒的行为"，其隐喻的目的在于"埋葬不信教的日子"，"因而，它直接复制了基督教产生之前不信教者的某些冬季节日活动"。

因此，狂欢节以年度节日的形式再现了罗马帝国境内高卢地区古代居民"历史记忆"中，不信奉基督教之前的"野蛮"而"自由"的生活，"只不过要把这种欢乐在封斋期来临时统统驱除"，勒华拉杜里对狂欢节的历史背景做了这样的总结。狂欢节作为基督教的组成之一，却有着不可否认的异教之源，更为重要的是，与其说狂欢节所致力呈现的前"基督教"时代是一幕"犯罪、美食和淫语、饕餮……"的荒诞景象，不如说它通过打破人们日常生活所扮演的角色，以隐喻的方式表达了一种对前基督教时代凯尔特、日耳曼时期"平等主义"传统的追忆。

斗争背后的经济因素

那么，让我们回到 1580 年 2 月的罗芒小城。这个狂欢的日子，原本是穷人、富人卸去日常身份，重新坐在一张桌子前的节日，是如何演变成一场"血腥杀戮"的呢？

勒华拉杜里虽然只是一笔带过，但依然可以被我们捕捉到。他说，"物价上涨是在整个 16 世纪这个长时段中从未中断的现象"，其背后的原因则来自"从南美输入的贵金属对货币的影响"。贵金属输入，导致物价持续上涨，是"1576 年罗芒执政官要求增税的真正原因"。与物价上涨相反的，则是少数因外来财富涌入，"由原来拥有大量土地和房产的资产者变为贵族的那些人"随着"新贵族"身份的获得，取得了和旧贵族一样的免于纳税的特权——税收在增长，承担赋税的第三等级人数却在减少，同时收入并未显著增长——"在罗芒地区和毗邻的维埃纳地区……穿袍贵族、佩剑贵族和教会人士所占的土地，几近当地土地总量的五分之二"，而这些土地都享有免税特权。几乎和两百年后一样，第三等级承担着所有纳税责任，与此同时在议会中却没有任何属于他们的权力。

接下来的事情就有些顺理成章了，"农民的矛头所指主要是领主和非领主贵族在赋税方面所享有的特权，贵族被免除的赋税都转嫁到第三等级上，从而激发农民对这种不公正的极度愤恨"。然而，更让第三等级感到愤怒的是 1556 年的国王诏令："无论新老贵族的地产，无论是否贵族新近获得的地产，凡是贵族的各类财产，一律继续享受免税特权。"国王的诏令表明第三等级代表向国王陈情的失败，"谈判既然已经不再有效，那就诉诸武力"，因为这已经是法国自胡格诺宗教战争以后的某种传统。

在这里勒华拉杜里把握住了两个关键的契合点：人们日益增长的对平等（公平）的诉求，和一个隐喻平等的仪式。而将这两者结合起来的，是一个叫让·塞尔弗的富裕织毯师傅和商人。他是罗芒当地一位体育健将，以枪法神准、网球技艺精湛著称，并因此获得"球王"的诨名。他的形象来自血腥狂欢节整整一年之前,他最后参与的那个 1579 年 2 月 3 日的狂欢节。这一天是当地的圣布莱兹节,圣布莱兹是织毯行业的主保圣人,而罗芒就是一个阿尔卑斯山麓毛纺织中心,因此可以想象塞尔弗在当地的影响力。每年狂欢节开始那天,被选为民团大队长的塞尔弗会像民俗传说中那样,披着熊皮,走在游行队伍的前头,因为在神话中"圣布莱兹是个熊一样的人……熊在每年 2 月(2 月 2 日)走出冬眠的洞穴……标志着严冬已经结束,万物即将复苏"。而塞尔弗作为圣布莱兹——(象征力量和不受控制的)熊——的扮演者,便在民俗节日时拥有了半人半神的魔力,在他的号召下,已经进入狂欢节"犯罪 、美食和淫语、饕餮……"气氛中的民众,让新、旧贵族们根本猝不及防。因为来自贵族方面的对手,早已领教过他的力量,他曾经"闯进罗芒市议会大厅,召开市议会,把原来担任市议员的上流人士统统赶走,换成追随他的那些污七八糟的人,让这些家伙坐在市议会的席位上"。

有了这些斑斑"劣迹",加上过去一年里第三等级和贵族们围绕税收的冲突愈演愈烈,间接使塞尔弗的力量更加提升,在一年之后的狂欢节将再度举行之际,贵族们却准备先下手为强。

贵族与农民的斗争在延续

尽管在民俗象征体系与人们具体行为之间的框架联系方面有些

牵强，但勒华拉杜里用戏剧化的笔触将仪式描写与历史叙述相结合的尝试，却颇能体现微观史学与民族志的联姻。在狂欢节的游行仪式中，老鹰象征的贵族派，和阉鸡、绵羊、野兔象征的穷人三王国在熊的扮演者塞尔弗的带领下争奇斗艳，暗地里各争雄长。绕开这些盛装游行的舞队，人潮涌动之中，并没有豪饮、美食和纵欲象征穷人和富人之间的和解。"他们（贵族派武装）来到塞尔弗团总门前，球王塞尔弗不知道外面发生了什么事，听到有人敲门就下楼来开门，不料被一枪击毙"，一位中立观察者的日记这样写道。然而，在贵族方面的证词却强调：是球王的手下事先准备发动袭击，然而当这些穷人看到狂欢节游行中贵族方面的如花美眷时，就按捺不住色心，毛手毛脚率先起事。然而，这些欲盖弥彰的一面之词却忘记了狂欢节本身所崇尚的极乐纵欲的平等主义传统。

这场被描述为血腥杀戮的狂欢节最后，贵族方面击溃了从城外试图救援的民团成员，但最终被处以绞刑的民团首领屈指可数。而纳税的第三等级与不纳税的贵族之间的冲突在之后的两百年间都在不断发生，直到法国大革命的发生。在那以后，贵族阶层连同贵族的免税特权一道被革命摧毁，民众开始以"法国公民"这一共同的唯一身份生活在18世纪的法兰西，而缴纳相同的税收就是这一身份的真实凭证。平等的身份唤起了平民阶层和法兰西民族的荣誉感，"因为参战不是贵族独享的权利"了，勒华拉杜里极富启发性地观察到，"……数以万计的法国农民军在这种精神鼓舞下向东挺进，跟随着皇帝直逼莫斯科……"

而这对于平等主义绵延数个世纪的追求，的确可以追溯到1580年2月16日那个戛然而止的"丰盛星期二"。在那个被打断的狂欢节中，第三等级的织毯匠、屠户们通过仪式的象征方式释放平等主张的尝试，被城镇贵族们粗暴打断，理由同样是阿尔卑斯山和比利牛斯山区，在狂欢节上关于象征性击毙熊的扮演者的传统。在这一幕"社会戏剧"中，表演的双方都将仪式的象征主题呈现得张力充斥，乃至真假莫辨；而幸运的是，其背后宛若空谷回音般隐藏的真实的政治－经济因素，终于能借助勒华拉杜里的妙手，给予我们有关平等主义的细微启迪。

3. 论作为民族志的《大河尽头》*

一　未被遗忘的热带丛林

　　《大河尽头》（上、下）系列，是定居中国台湾的马来西亚（婆罗洲）华人作家李永平的作品。李永平算是一位最近渐被大陆读者熟悉的作者。他的履历本身就浓缩了一部华南或东南亚的历史。他出身于马来西亚沙捞越州首府古晋市一个华人移民家庭，是早些年

---

* 本文为李永平所著《大河尽头》（上、下）二书评论，原文发表于《中国图书评论》2016年第1期。

从华南移居东南亚的客家人后代。而沙捞越所在的是世界第三大岛婆罗洲／加里曼丹岛，该岛在 1963 年分入马来西亚和印尼之前，分别属于英国与荷兰的殖民地。北婆罗洲属英国，南部为荷兰所有。出生在这样一个具有英国殖民地色彩的华人家庭中，李永平于 20 世纪 60 年代亚洲殖民地解放运动高涨之际，选择离开前英国殖民地，回到他心目中"中国文化"的故乡台湾，开始了人生的新旅程。

　　虽然他的主要作品都写于居台时期，但在婆罗洲生活的童年经历，却在其一生的作品中留下了深刻的烙印。据其作品编年，他在中学最初发表《婆罗洲之子》（1965），赴台后撰有《拉子妇》（1976）（拉子，即南洋客家人对婆罗洲原住民"达雅克人"的称呼，下详）。之后的 20 多年里，他翻译了 20 多本英文作品（其中包括奈保尔颇具后殖民风格的印度三部曲之一），只有三本与旅台经历有关的小说问世。直至《雨雪霏霏：婆罗洲童年记事》（2002），他重拾自己在南洋群岛的儿时记忆。而这趟回归之旅，则以 2008~2010 年相继出版的《大河尽头：溯流》（上卷）和《大河尽头：山》（下卷）为最高潮。

　　在这上下卷合计 700 多页，45 万字的巨著中，作者为我们展开了一段深入婆罗洲深处"黑暗之心"的旅程。"一九六二年仲夏，婆罗洲沙捞越，一个名叫永的华裔少年加入一场卡布雅斯河探险。……永对探险队的目标——圣山峇都帝坂，土著达雅克人心目中生命的源头——充满好奇"，作者在书中以自传体的方式，回忆了少年时的一段"成年礼"。他和一生只有这段旅行中短暂一个多月相处的荷兰籍姑妈克莉丝汀·房龙小姐，结成生死之交。通过这段河上之旅，以自己（"少年永"）的经历，解开了房龙小姐身上封存的半个世纪以来的烙印——英 - 荷殖民时期、日本太平洋战争阶段，以及战后沙捞越独立和马来西亚／沙捞越共产主义革命（沙共）时期。

　　更为重要的是，他对自身经历和体验的描述，不仅仅为了营造殖民与后殖民时空的多重叙事。全书最为成功之处在于，用文学的笔触实现了一个人类学宗旨，揭开了一个婆罗洲"黑暗之心"的最核心部分，即生活在这里的原住民达雅克人的世界。

二　文化变迁中的永恒

　　西方学者在 19 世纪以后就对婆罗洲原住民有了丰富的民族志记录（马林诺夫斯基的导师之一哈登就是其中的杰出代表），达雅克人也时常出现在毛姆等欧洲作家的笔下，甚至在 20 世纪上半期，凌纯声、岑家梧等中国民族学家的著作中经常引用达雅克人的民族志资料，以此论证华南古代习俗的渊源。尽管如此，有关达雅克人的中文文献至今几乎为零。中国学术界对这些生活在世界第三大岛的居民所知无几，只知他们生活在著名的"长屋"当中，由名声煊赫的男性"屋长"担任全屋数百口人的首领。这位屋长的威望，则来自其曾经主持、参与的"猎头"行动（此外，达雅克人还有划长舟、逢节日击打铜鼓、跳猎头舞等与华南同源的习俗），仅此而已。

　　借助李永平生动的画笔，我们首次获得了一幅非常生动的达雅克人生活画卷。在探险家、沙捞越博物馆馆长辛蒲森爵士的带领下，探险队沿着婆罗洲第一大河卡布雅斯河（当地华人称"卡江"）溯流，抵达首站桑高镇。在这个镇上，作者掀开了叠覆在卡江历史上的层层脉络：

> ……山后石头寨上那座用巨大花岗岩砌成的碉堡，墙脚但见荒烟蔓草，白骨零落一地，墙头两排来复枪射击口……这座红毛城，土人口中的"白骨堆"，乃当年荷兰驻婆总督建构的防御工事，主要功能……是阻止卡江流域好战斗海系达雅克人（伊班人）的战斗独木舟队大举集结，自上游长屋出发，挥舞着阿纳克山刀，乘着山洪，一路呼啸顺流而下直抵大河口，斩荷兰和支那人头，血洗繁华的坤甸城。[1]

这段叙述揭开了叠压在卡江上的三个文化堆积层：定居城里的华人（支那人），殖民者荷兰人，以及乘坐战斗独木舟队猎头的土著达雅克人。当然，加上作为观察者的"少年永"的探险队伍，还有杂糅了华人、英国博物馆馆长、美国探险队员的第四层。从一开始，作者便以"猎头"这一具有冲击力的文化要素，牢牢抓住了读者的视线。

在旅途的第二站，少年永进一步深入了"猎头"文化的深处——他们造访了一座卡江流域最著名的鲁马加央长屋，长屋的屋长是部落首领天猛公·图埃·鲁马·彭布海。围绕长屋主人，作者又发掘了两个文化层。首先，他将达雅克人的猎头习俗和沙捞越一段隐秘的历史结合起来。少年永在大屋长图埃·鲁马的屋梁上发现"六十多颗"头颅，其中一个女性头颅让他觉得面熟。屋长告诉他，女性头颅属于"沙共"游击队一名女指导员。而这正好为作者在前一部作品《雨雪霏霏：婆罗洲童年记事》埋下的疑团——"北加人民军一个游击队员的生死之谜"——给出了一个解答，那位曾经教过少年永的小学老师，"忽然离开学校，背着枪，跟随丈夫进入森林

1　李永平：《大河尽头》（上），上海人民出版社，2012，第81页。

打游击", 担任过"沙共"新闻部部长。

> ……当初, 三千人进入森林, 拿起武器展开武装斗争, 梦想在北婆罗洲沙捞越建立一个社会主义乌托邦、美丽新支那。十年后, 他们放下武器走出森林, 全军只剩下六百人, 男男女女一个个衣衫褴褛面黄肌瘦, 活像一群讨饭的叫化子。[1]
>
> ……我询问当初跟随老师们进入森林、如今活着出来的同学。他们痴痴呆呆, 望着我不肯讲。我问他们, 同学们最敬爱的叶月明老师到底是怎么死的? 死在谁手里? 同学们眼眶一红却扑簌簌掉下眼泪来, 咬着牙, 还是不肯讲。[2]

从这位已经"封刀四十年"的老屋长这里, 他获得了答案。因为北婆罗洲华人在 20 世纪 60 年代组织"沙共"游击队反对英国殖民政府, 后者利用当地达雅克人的传统习俗, 对"沙共"游击队悬赏, "人头一颗值五十英镑", 唤醒了原住民封存已久的猎头记忆。而少年永在长屋中看到的这颗貌似其小学老师的头颅, 就是这段历史过程留下的痕迹。

此外, 通过达雅克人与华人游击队之间的冲突, 他还呈现了这幅多元文化画卷的另一层次, 外来者与达雅克人的联系。在李永平赴台从学早期写作的《婆罗洲之子》和《拉子妇》二文中, 体现了这种族群互动。[3]前者讲述了华父达雅克母所生的混血儿大录士, 遭父亲抛弃后, 与母亲生活在长屋之中, 在村人的排斥、接纳过程中

---

1 李永平:《雨雪霏霏: 婆罗洲童年记事》, 上海人民出版社, 2014, 第 167 页。
2 同上书, 第 181~182 页。
3 林开忠:《"异族"的再现? ——从李永平的〈婆罗洲之子〉与〈拉子妇〉谈起》, 收入张锦忠编《重写马华文学史论文集》, 暨南国际大学东南亚研究中心, 2004。

重新认识自己族群身份，呼唤民族和解的故事。后者则描写了一个嫁入华人移民家庭的达雅克妇女，不被其丈夫家庭所接受、理解，最后郁郁离世的故事。两则短篇小说，都从家庭矛盾的角度，展现不同民族之间文化冲突的困境，达雅克人（妇女、儿童）都成为华人家庭纠纷的牺牲者，在《大河尽头》中，这种牵绊则表现为澳洲白人律师和土著少女不平等的情爱关系。

在本书中，这种土著与外来者之间的牺牲关系完全以另一种形式被颠覆，达雅克人的"猎头"文化不再是一种令人胆寒心惊的奇风异俗，转变成颇有文化自豪的民族符号。让人感动的是，作者花费相当大的篇幅，用大屋长天猛公所跳的猎头舞，将小说推向了民族志的高潮。

> 天猛公收回了盾牌，白发苍苍满面风霜，昂起他那颗黥纹小头颅，簌簌，抖了抖头盔上插着的六根尖尖长长的婆罗洲犀鸟翎羽，睁眼瞪住满场观众，猛然一旋身。
>
> ……伊班老战士只顾迈着他那两只光脚丫子，踩着竹编地板，擎起盾牌，抖起盔翎，摇荡起他那件光彩夺目的五花云豹古战袍，喝醉酒般，癫癫狂狂旋舞了五六回。[1]

舞蹈跳起来后，通过陀螺般旋转舞动、高声啸叫，表现寻找猎物时的冷酷，又用形体展现了浴血格斗的情景，最后砍下想象中的猎物的头颅。这幅以观察者视角呈现的猎头舞蹈的生动画面，不亚于任何一本民族志的叙述，更因为声音、形体的多种描写，使读者产生身临其境之感。

1　李永平：《大河尽头》（上），上海人民出版社，2012，第150~151页。

到这里，借着对作者铺开的多层次文化堆积层的发掘，我们身临其境地描摹出一个在殖民文化背景下，经历文化变迁的达雅克文化。在殖民占领和跨国移民背景下，婆罗洲原住民达雅克人在抗争未果的情况下，逐渐融入了与外来文化遭遇的过程。在传教士和殖民政府的推动下，他们开始放弃传统的猎头文化，并打开长屋的大门，与华人移民通婚，在文化和族群上融合。然而，当外界观察者以为传统的达雅克文化已经变得模糊、淡薄之际，保存在其文化核心的底层部分，又毫不掩饰地倏然涌现，散发出旺盛的活力。

三　心灵与肉体的回归

除了显而易见的猎头文化，随着少年永继续溯流进入卡江深处，深藏在大河上游的达雅克文化的基底也慢慢显露形状。抵达了卡江上所有汽轮机所能涉水的最后一个市镇新唐镇，少年永的探险队要换乘另一种交通工具——一艘标准伊班独木舟，长十二米、中宽一米二，修长的流线型船身，配上翘尖有如飞檐的船首[1]——继续旅行。

这种长舟并不仅仅是一种交通工具，还是当地青年"成年礼"的一部分。"婆罗洲部落男子一生之中至少一次，必须独自出门，

1　李永平:《大河尽头》(下)，上海人民出版社，2012，第323页。

到大河上游中央高地的荒野行脚一周，拎回几颗人头"，[1]而载着他出游行猎的座驾，就是这样一种独木舟。然而，今日的达雅克猎手已经不再乘坐长舟外出拼杀，而是驾其驶出丛林，找个地方深深掩埋起来，穿上工人的服装，遮掩身上标榜猎头成就的刺青，

> 藏身在各大采石场，奴工般干他三年苦力，攒够了钱，成群结伴荣归故里……个个身穿簇新阿迪达斯休闲服，足登乌亮巴达皮鞋，手戴精工石英表，瘦嶙嶙的脊背上——吓！五花八门琳琅满目——驮着各式各样文明世界最新科技产品：电饭锅、电冰箱、挪威制电动链锯、电唱机、缝纫机、制冰淇淋机、碾米机、四十匹马力超级山叶船尾马达……[2]

等他们攒足这些物什，就将长舟挖出，整修好，划向返乡之途。这种武士精神和时代元素的此消彼长，在作者眼中归因于卡布雅斯河湾上"成百辆挖土机、铲土机、推土机"，它们正忙着将婆罗洲腹地的热带丛林变成"全亚洲规模最大的木材集散场"。达雅克人是否因此失去了尚武之心，并从此沦为了物质的奴工，很难说，作者并没有给出直接的答案。但他用小说中始终伴随少年永的另一个人物"姑妈"房龙小姐的生活苦难史，隐喻了达雅克人的人生态度。

这位来自荷兰殖民农场主家族的女子，有一段无法言说的往事，借着她的一段独白，作者揭开了婆罗洲历史最黑暗的一幕，也是叠压在大河尽头最难以启齿的一层：

1　李永平：《大河尽头》（下），上海人民出版社，2012，第 26 页。

2　同上书，第 27 页。

若不是太平洋战争爆发，日本兵登陆西婆罗洲，一路溯河而上，攻占丛林中这个隐秘的小镇，新唐，我就不会被俘虏，就不会跟荷属东印度群岛所有荷兰女子一样，被押送进特种集中营……那时我才十六七岁啊。……我在这本书里只有一个子宫，一个被成群野兽的阳具捅破的、搞烂的、从此再也不能生育的子宫。[1]

然而，正如之前作者并不驻笔于备受殖民冲击的土著遭遇，小说也没有将战争之于女性的痛苦作为无法弥合的心灵创伤的终点。婆罗洲的丛林深处既是黑暗的，也是无比宽广的，因为沿着大河溯流，等待他们的不是悲惨和耻辱的不复轮回，而是宽阔胸怀的永恒回归。在小说最后的高潮，诉说尽自己屈辱往事的房龙小姐乘坐达雅克人的长舟，抵达了这次丛林朝圣的目的地，"圣山岾都帝坂，土著达雅克人心目中生命的源头"。

这座圣山既可以说是现实存在的一座婆罗洲的中央山脉，也可以说是达雅克人心中想象出来的宇宙图景。20世纪初期的俄裔法国学者V.戈鹭波曾经提到了"长舟"在达雅克文化中的另一层含义：人们外出猎头、打工的长舟，还是"首批达雅克人到达婆罗洲时乘坐的那艘'金船'。自从它停止飘洋过海的航行后，它的使命就是把亡灵载运到位于云湖中央的'天堂之岛'"。[2]所有人的灵魂最终都会乘坐这条想象的"灵魂之舟"抵达圣山腹地，在那里所有的灵魂都将过着安逸的生活。

在达雅克人的心目中，人生之旅的目的地"云湖中央"就是这

1　李永平：《大河尽头》（下），上海人民出版社，2012，第277页。
2　V.戈鹭波：《东京和安南北部的青铜时代》，刘雪红等译，收入《民族考古译文集》，云南省博物馆、中国古代铜鼓研究会编印，1985，第254页。

样一幅景象：

> 大河尽头的圣山峇都帝坂，山麓有五个大湖，专供往生者的灵魂居住：善终者，死后前往位于中央的"阿波拉甘"定居，过着和生前同样衣食不缺、无灾无病的平静生活；为部落征战壮烈阵亡者，英灵骁骁乘风飘向西边的"巴望达哈"，血水之湖，那儿有众多来自全婆罗洲，死于难产的年轻妇女，任他挑选为妻，从此过着安逸富足的日子……[1]

小说到这里迎来了最终的高潮。借助民族志力量的呈现，婆罗洲内陆的世界不再是一个受屈、遭辱的"黑暗之心"，而是回到永恒的祖灵生活的宁静世界。在这里，曾经猎头的勇士，哪怕今天为了生计，成为采石场、伐木场打工一员，为了现代生活的消费品消磨了武士的精神，但他们"虽败犹荣"，好比是"为部落征战壮烈阵亡者"。而因受到日军侮辱，终身不能生育的房龙小姐，好比是"死于难产的年轻妇女"，和所有遭受文化冲突之殇的妇女一道，她的灵魂在祖灵生活的"血水之湖"中获得了净化。小说中，她曾经与一个达雅克青年有过青梅竹马的童年，现在，她纯洁的灵魂将与初恋情人在圣山之湖重聚，从此过上安逸富足的日子。

利用民族志对当地文化的"深描"，李永平为所有婆罗洲居民的文化实践提供了一种理想化的解读。无论是远离猎头荣耀、栖身打工场所的男性，还是身遭战争摧残、受异文化伤害的女性，无论是原住民还是外来移民者的后裔，只要是这片土地上的"婆罗洲之

1　李永平：《大河尽头》（下），上海人民出版社，2012，第222页。

子",都能在圣山云湖中,获得灵魂的释然。而这种民族志的文化阐释,也为我们移情、理解小说中所有婆罗洲居民的行动抉择,提供了完美的文化背景。

四 民族志的成功

李永平的整部小说在叙事上独具一格,在情节上用一次次回溯,频频掀开了婆罗洲历史和文化的一角,最终实现了小说包含的双重抱负。其中的第一重抱负易于把握,作为世界第三大岛,生活在婆罗洲丛林中的达雅克原住民以宽广的胸怀容纳了华人、荷兰人、英国人,甚至日本人,将他们的生命历程在这片热带雨林中交织。这种互动并非单向,也非被动,而是一种多元的并置,从而折射出一种超越以往殖民地话语的绚丽的后殖民叙事。

小说的第二重抱负,毫无疑问,则是用非常独特的民族志笔触,展现了变迁中的达雅克文化。这是一个驾着长舟、猎头的族群,他们在猎头成功后的载歌载舞,以及种种服饰、舞步,甚至插在头盔上的翎羽,都无时不让我们联想到中国华南的古代场景。同时,这艘猎头长舟,在人们的灵魂需要之时,又摇身一变,成为将逝者之灵送归祖先的驳船。人们笃信,战死武士和难产妇女的灵魂,会在那里重聚,永远洗涤现实生活经历的苦难,过着永恒的幸福生活。所有这些民族志叙事,有力地支撑起了小说力图展现的南岛人文画卷。

　　这两重抱负的相互融合，使作者超越了自己以往的作品，既远离了自身在早期作品中流出的，对童年时代排斥、逃避原住民文化的"忏悔录"；也摆脱了单一立场对诸多历史能动者的批判，以"婆罗洲之子"的胸怀，拥抱了哺育自己的所有文化塑造者。正是这种对自身文化之源、生命史的悦纳，促使作者最终成功展现了一部具有强烈民族志色彩的热带雨林史诗。

4. 吴哥窟：一个剧场国家曾经的舞台 *

打开"时间胶囊"

"宫殿可被视为或大或小的舞台的复合体，当然也可以被看成一个大舞台，正是在这些舞台上，攀升和服从的典范戏剧一次又一次重演。""如同为世界环绕的诸多传统宫殿，且最著名者如那些印式宫殿一样，在其纯粹的物化形式上，是一种神圣的象征，

* 本文为罗阳所著《他邦的文明：柬埔寨吴哥的知识、王权与宗教生活》一书评论，原文发表于《新京报·书评周刊》（2016 年 7 月 23 日刊），发表时名为《吴哥窟 揭开神秘面纱，看人散曲未终》。

是秩序的副本……其布局通过另外的中介物而重现了宇宙的深层几何学。"

这是克利福德·格尔茨在《尼加拉——十九世纪巴厘剧场国家》中对巴厘岛上充满宗教意味的政治结构作过的评论。尽管他对印度教主旨的认识有限，但他作为人类学家对异文化的高度敏感，使他犀利地发现了那些位于东南亚社会最深层的文化烙印。

在佛教和伊斯兰教影响这个地区前，印度教是古典时代对东南亚最丰厚的文化遗产。从中国的泉州南到爪哇岛，无不留下这一古老宗教痕迹，而其中最令人瞩目的莫过于位于柬埔寨古高棉王国都城暹粒的吴哥窟。吴哥窟兴建于信奉毗印度教（湿奴教）的真腊国王苏耶跋摩二世时期，他改奉大乘佛教的后代阇耶跋摩七世又在其中增加了大乘佛教元素。在 15 世纪初期，真腊（柬埔寨古称）在暹罗的南侵下放弃了吴哥，全面接受了小乘佛教。上座部佛教强调个人修行，放弃了印度教或大乘佛教那样对仪式和空间格局的强烈呈现，使吴哥尽可能地保留了当年的样貌。可以说，为中世的柬埔寨文化保留了重要的"时间胶囊"。

今天小乘佛教成为柬埔寨的国教，吴哥窟更以其混合了热带风光和古老宗教的高耸塔林吸引着各国游客。对于大多数观光客，身在须弥山下，若能打开那枚叫作吴哥窟的"时间胶囊"，或许就能找到登山的路径，窥到那个古老的南海秘境。

阿加与和尚

《他邦的文明：柬埔寨吴哥的知识、王权与宗教生活》通过对吴哥窟遗址区四个村子的调查，呈现出了一个在当代佛教柬埔寨背后的真腊的轮廓。

作者纠正了一个认识上的偏差，吴哥窟并不是被欧洲人"发现"的。在它被放弃作为都城后的几个世纪里，并没有沦为丛林占据的无人区。它的周围始终都有居民居住，居民们把它当作庙宇使用，其中都有修行者驻节，这种状况一直延续至今。

即使被当作世界文化遗产保护起来，吴哥窟仍是当地居民重要的寺庙。从宫殿到寺庙的转变似乎不可思议，可对柬埔寨人来说并不突兀。当年周达观眼中的宏伟都城——"周围可二十里，有五门，门各两重……城之外巨濠，濠之外皆通衢大桥……城门之上有大石佛头五，面向西方。中置其一，饰之以金。门之两傍，凿石为象形……"是如何变成了一座巨大的寺庙？

作者从吴哥窟中活动的两类宗教人士展开探索。一种是我们熟悉的和尚、僧人，另一种则是被称作"阿加"的人。"阿加，柬埔寨语中意为'走在前面的人'。"有关阿加起源的"两种说法解释出阿加与自身过去的两种关联。一方面，他们是自上而下从宫廷流出到民间的婆罗门祭司……另一方面，阿加起源故事暗示着这群人既在佛教仪式外又在其内的双重性"。

和尚与阿加都在寺院中举行仪式，但他们各自有不同的活动区域，僧人一般在"庙堂"活动，而阿加则在仅次于庙堂的"萨拉"举行仪式。这两种你中有我、我中有你的共栖方式给外来者留下奇特的印象。

为了具体呈现和尚与阿加的差异，该书分别从人生礼仪（出家、婚礼、丧礼）、祭祀鬼神的方式这几个方面展开对比。以对待来世的态度为例，在代表印度教传统的阿加看来"人与世界都在循环往复中上升，而佛教则认为他们都在不可逆转地衰降"。从更通俗的角度理解，僧人是以行善积德的方式，为未来生活将要遇到的不幸（如死后的轮回）预做打算，提前为来世做准备。阿加则直面当下，人们在日常生活中遇到了麻烦或不顺，都会去找阿加"做法"、问道。

从两者身份关系来说，"当小乘佛教在柬埔寨历史上替代先传入的印度教后，阿加们在延续印度教传统的同时，以两种方式融入小乘佛教中，其一，做和尚是成为阿加的前提，在阿加师承之外径加入佛门内部的谱系；其二，充当佛教和民众的媒介，在遁世修行、追求涅槃的和尚与俗人这无法跨越的圣俗二分等级之间，阿加是黏合剂，也是维系这种等级之别的中介"。

从宫殿到寺庙：一座没有演员的舞台

解释了僧人与阿加的关系，就看到了叠覆在柬埔寨文化上的两个层面。但这两方面只包含了本书副标题中的三分之一"宗教生活"，仍旧没有解答吴哥是怎样"从宫殿变成寺庙"的。

这时，需要再次请出人类学家格尔茨，他说："宫殿可被视为或大或小的舞台的复合体，当然也可以被看成一个大舞台。"在吴哥窟中心位置的三重台基和五座宝塔，象征位于中心的须弥山和周围由"东胜神洲、南赡部洲、西牛贺洲、北俱卢洲"组成的"四洲"世界。这就是印度教和佛教共有的宇宙观，所有的河流和道路都以须弥山为中心。当有人去世，逝者的灵魂又会回到须弥山上。这种文化的核心在于，这个宇宙观并非是想象，而是真实存在的。于是，信奉印度教的古柬埔寨人，就真的在人世间建造了这样一座恢宏的舞台。

　　同时，舞台搭建完成，还需要演员上场。在印度教徒心中，以须弥山为中心的宇宙，是大神毗湿奴创造的。毗湿奴又以化身众多著称。在13世纪的真腊，毗湿奴在人间的化身就是高棉国王苏耶跋摩二世。他每年在吴哥按照毗湿奴创造世界的剧本主持迎水和送水仪式，正如格尔茨对印度教王国的描述："在东南亚大部分地区，国王并不仅仅扮演牧师的角色，他就是世界超凡的中心，祭司则是他的神圣特性征象、组成和效应物。"担任过印度教祭司的阿加的前辈，的确如神话演绎的那样，为毗湿奴的世界迎、送生命之灵。与其说那个由毗湿奴化身执政的王国是"政教合一"，不如说王国中的所有成员，从国王到祭司到民众，都扮演了印度教神话中的一角。

　　但真腊王国为了维护毗湿奴的舞台，不免耗尽了信徒们的生产和积蓄。对现实世界的失望和失落，使阇耶跋摩七世从专注现实的毗湿奴教，转向了遁身来世和轮回的大乘佛教。除了给周达观留下"城门之上有大石佛头五，面向西方"的吴哥印象外，还真实地反映了真腊王国面对现实的无力。引入北部暹罗力量，为阇耶跋摩七世的后人赢得了短暂的喘息。但因暹罗介入高棉事务，难以维持雇佣费用的真腊王国不得不接受失去吴哥的命运。伴随暹罗人一同到来的还有小乘佛教的僧侣们。正是后者带来了出家、修行、面向来世生活的信仰。

与印度教同源的佛教中，同样有须弥山和四大洲，他们把这个组合称做"曼陀罗"世界——藏传佛教中的檀城图就是从此派生而来。只不过，印度教中今生可达的须弥山变成了小乘佛教中来世降临的未来图景。

留下一座没有演员的舞台

至此，历史上的真腊，随着江河日下的现实让位给梦想伟大复兴的来生，曾经毗湿奴用林迦展现创世力量的宇宙中心的宫殿，转变成南传上座部佛教灯油闪烁的寺庙。吴哥窟从过去的神圣殿堂，成了我们今天看到杂糅了多元脉络的世界文化遗产。这正是历史人类学应该展现给我们的结构维度。

古代柬埔寨遗留给我们毗湿奴、湿婆、诃梨诃罗、洛什弥、雪山女，以及各种菩萨的无数塑像。这些建筑物的用途则为这些在人间的神祇搭建了舞台，"印度诸神居于山巅，并随着飘忽不定的宫殿移动，这些建筑物的构图为金字塔形，显然是力图使人想到大山"。法国东方学家乔治·赛代斯这样总结了吴哥的建筑艺术。

今天，曾经的演员早已不复存在，而这个舞台，以及舞台上的种种布景、陈设，留给我们无限的想象空间。这就是那座印度教到佛教神祇轮流登场的吴哥窟。

5. 澜沧往事：一出地方政治戏剧[*]

一江一世界

　　德钦，位于云南省迪庆藏族自治州西北部，地处青藏高原南延，横断山脉中段，"三江并流"腹地，主要包括金沙江与澜沧江之间狭长的山地与河谷，藏语意为"吉祥如意，和平安宁"。即便其有壮丽如"梅里雪山（卡格博峰）"、著名如"茨中教堂"、丰富之

---

*　本文为刘琪所著《命以载史——20世纪前期德钦政治的历史民族志》一书评论，原文发表于《南方都市报·阅读周刊》（2011年4月24日刊）。

民族文化，我曾两赴滇西北，却憾未到访。不过刘琪博士的《命以载史——20世纪前期德钦政治的历史民族志》为我们展开了将近一个世纪之前一幅西南山地人群、文化与社会互动的画卷。

这片两江之间狭长的地区，沿澜沧江自南向北分布着一些大大小小的滩地和坝子，虽然面积不大，但这些滩地与台地很容易成为这条"茶马古道"上重要的集散地与驿站。自清代中后期，控制滇西北的木氏土司式微之后，当地生活的本地家族渐渐崛起，依靠在19世纪清政府在横断山脉一系列军事行动中建立的军功，三个家族成长为地方上最大的三家土司，分别是禾家、吉家和桑家。

由于这一区域独特的地理特征，几乎所有的聚落都沿江而住，最多进入流域较短的上级支流台地，造成该地区独特的政治格局。每一个土司与其他土司的领地都是线性连接，表现为最北端的佛山、中间的云岭和最南端的燕门，三个乡分属三家土司控制。每一个土司控制自己领地内的若干村落，以及寺院；在土司的领地与领地之间，有山脉构成的天然屏障隔开。与此同时，该地行政意义上的政治中心升平镇则位于佛山与云岭之间，澜沧江某条一级支流上。20世纪早期的当地人用"三乡一镇"概括了德钦当地的基本政治建制。

这种地理在两个层面上决定了德钦的历史与政治：一是自南向北的通道位置，在历史上便使其无法形成一个封闭的世界，注定加入一个更大的历史脉络当中；二是狭长的地理特征与有限的川地，使任何一个地方首领都无法建起更大的、跨地域的"霸权"——自己的领地和人口本身有限，每一个土司领地之间都有山脉相隔。

这样两种预先存在的条件，使我们对"20世纪前期德钦政治的历史"有了最初步的印象——这不是我们站在"华夏中心观"视角下想象的偏远山区，而是文化、物质沟通的重要通道。生活在当地的人们，不是被动卷入时代旋涡的惊醒的"桃花源遗民"，而是试图主动把握自己未来的命运主宰。尽管很多时候，将如我们看到的，许多雄心壮志的当地人的确通过与各方（外来）势力结盟，来打破地方局势那种微妙的平衡，而这事实上，就是当地历史延续的脉络所决定的。

从较早的吐蕃与南诏王朝在该地区的拉锯，到藏传佛教"后弘期"以后该地区政治–文化上的变迁，再到元明以后木氏土司的盛衰，以及清代后期杜文秀起义的浪潮等，形成了以藏人为多数，包括纳西、回民、傈僳、外来汉人为少数的人群格局。这些历史与文化的细节，都如同澜沧江的支流，错落有致地缓缓汇入这条蜿蜒的长河。

土司与挑战者

故事的开始，19世纪后期，随着天主教势力向滇西北的渗透，一股新的力量加入这条自古就已存在的通道中。沿着澜沧江，紧邻德钦北部的四川巴塘盐井地区，不满新势力侵入的寺院和民众先后爆发了两次"巴塘教案"，驱逐传教士的风潮和人流沿江南下，涌入德钦，继而酿成"维西教案"（当时德钦属维西）。据说在清政府的"平乱"过程中，受当地翻译赵天赐的挑拨，官军诱杀了被认为暗中支持叛乱的土司禾文耀。从此，以世袭土司为代表的土著与住在升平镇附近，没有土地所有权，依靠商业、马帮运输业等发家的外来者之间的争端点燃，绵延了将近半个世纪，余波甚至影响至今。

20世纪之初，当辛亥革命的浪潮传递到了澜沧江谷地一隅时，早先埋下的罅隙进一步崩裂。来自省城昆明的唐继尧和大理镇守使罗树昌这两股对立的势力，成为德钦争斗双方借重的外援。得到地方叛乱势力罗树昌支持的赵家，成为德钦民团大队长，站在他一边的还有较晚开始居住在镇上的海氏和马氏回民家族；而另一边的则是包括禾家、吉家、桑家在内的土司家族，他们需要的是来自省城更大军阀的奥援。在这一回合的斗争中，得到唐继尧堂弟唐继麟支持的土司一方取得胜利，赵家长兄被杀，二弟流亡，向德钦北部盐井的贡嘎喇嘛借兵，再次获得与土司家抗衡的资本。

随着军阀割据，时局趋稳，当外界力量的渗透努力开始缓和后，地方世界中矛盾的双方也保持了一种微妙的平衡，另一个属于外来者但依附土司的王家出任民团队长。不过此时，同样作为外来者的政府驻德钦独立连，却主动破坏了这种平衡——继续"坐大"，挑战国民政府权威的禾家掌门禾尚忠被军队"宣布罪名"后枪毙。

虽然禾尚忠之死几乎导致了地方的全面变乱，但由于国民政府的弹压，局势稍稳。随着禾家的衰落，德钦三家土司中的另一家吉家，开始步步崛起，替代禾家成为土著力量的代表。另外，曾经与赵家结盟的回民海家也在民国时代中期脱颖而出，这归功于家族领袖海正涛在云南讲武堂的经历，以及时代的变革。这时德钦地方对立的双方变为土著的吉家土司，以及依附土司的王家，与远方归来的海家、隐忍待发的赵家之间的对立，而本质上，仍是前者的土著，与后者的外来者之间的高峰对峙。

新的抗战背景之下，由于缅甸战事有着向喜马拉雅山脉南麓渗透的趋势，地方上的争斗又披上了"全球化"的色彩。战事的起伏，也使海正涛的权力与生命历程，几经跌宕；同时在双方角逐的微观层面上，新的力量——共产党——进入了德钦地方的舞台。这使海正涛表面上卷入了时代的洪流，升到波峰，又最后滑落谷底的命运，实际上依然嵌入了地方历史"二元格局"的深层结构。

抗战胜利后的短暂时期，作为本地力量代表的吉家和王家，迎来了他们最辉煌的时代：击溃了倚重外来力量（军阀与共产主义双重色彩）的海家，驱逐了多次挑战土著权威的赵家后裔，而原先最杰出的禾家，也由于家族核心"招赘"，被外来家族"徙夺"，退出了地方竞技场。然而，他们却不情愿地发现，最终随着解放军一起进城的队伍中，还有赵家不屈的后辈。这似乎又让人想起了19世纪后期那一位为清军提供语言服务的赵天赐。只是现在，土著与外来者的后裔，都必须坐在政协会议的会场，共同商讨德钦的未来，不论他们私下有着怎样的嫌隙。

历史的结构

说完了这个精彩的故事，在该书最后的总结部分，作者照例应该尝试跳出德钦，与更大的学术体系进行对话。然而，不论是"国家 vs. 地方"的模型，还是"乡村—城镇"的结构，似乎都无法很好解释深藏于"性命所载的历史"背后的"深层结构"。

其实作者多次引用却一再擦肩而过的《向修昔底德致歉：历史

即文化，文化亦历史》（马歇尔·萨林斯，2004）一书，已经给我们提供了有益的线索。该书中，萨林斯重点提到 19 世纪中期斐济群岛，发生在两个主要王国巴奥和雷瓦之间的严重冲突，这可以说是二战之前太平洋地区发生过的最大规模战争。"莱瓦利塔（酋长一）的母亲是雷瓦国王的姊妹，他就以神圣外甥的名义成为巴奥国内的雷瓦一派；而卡考鲍（酋长二）则是一个巴奥本国的 Vasu（姊妹的儿子），他的母亲属于古老的巴奥王室，使他成为当地最高地位的酋长，并拥有不可分割的王权。由于这些血缘关系，巴奥与雷瓦间的嫌隙超出了手足之争，成为血缘集团之争，对整个斐济群岛统治权的争夺加剧了后者对前者的仇恨。"事实是，岛屿结构的地理－政治，使人们在不同岛屿中通婚，每个野心勃勃的酋长背后，都有来自不同岛屿的族人作为后盾。所以要理解斐济群岛"政治"背后的结构因素，就要将任何所谓的"偶然性"事件（如仇杀），放到更大的以亲属关系为基础的文化－社会结构中去考察。

那么对于"三江并流"之地的德钦，之前提到的狭长的澜沧江河谷，为地方政治戏剧提供了演出的舞台。历史上的每一次人口移动，都在"通道"中留下了自己的痕迹。吐蕃与南诏的拉锯，使该地区大部分（包括土司在内）土著居民都认同自己为藏民；蒙古对南诏的征服，将回民引入了这个地区；明代木氏土司对滇西北的经营，表现在禾家对自己与木氏渊源的强调；民国以后地方军阀控制德钦的企图，必须借助本地镇上有野心的家族。

我们可以看到，无论何时，所有当地的力量都能分裂成对立的双方——相对较早到来的定居土地所有者／相对较晚到来的移入者。诸如三家土司这样的较早定居者，拥有德钦几乎所有的土地所有权，而相对较晚来到的赵家与海家等，只有依靠工商、运输业起家，并集中住在镇上。任何试图加入地方博弈的外来力量，都只能选择其中的一方作为自己的当地代理人，并由此通过激烈社会冲突的形式——性命相搏——融入地方社会。但当我们从一个更长时段的动态视角来审视这段历史，会顺利地发现，这其实并不是一个所谓"国家 VS. 地方"的问题，也不是"野性的边疆"，而是一个不断"重现"的社会整合过程。

三家土司中，只有禾家强调自己与木氏土司的联系，然而，这种差异在面对崛起的赵家和海家时，不再提及。当杜文秀起义之后，出现在升平镇上的回民成为地方权力的角逐者后，他们选择与三家土司之下社会等级较低的权力觊觎者结盟——令三土司同仇敌忾。经历了半个世纪的争斗后，双方从桌面上的对手，变成了一个桌上开会的"参事"，而一旦更新的外来者加入这一动态格局中，早先的"外来者"与"土著"身份鸿沟，又将进一步弥合。由此，我们也能设想禾家最初崛起所走过的历程。

每一次新的加盟者，都以激烈而戏剧化的方式加剧了当地既有的裂痕，同时也在一定程度上促进另一方的整合。这种分裂－重组的社会建构方式，如同 DNA 双螺旋结构的解旋与复制，几乎是所有社会更新发展的动力机制，这在通道结构中展现得尤为清晰。而正是这种"深层结构"决定了德钦的历史与政治，也决定了那些"卡里斯马"式英雄人物的命运。从更大的层面上看，那些"以命载史"的人，更像是被解旋酶解开的 ATP 链，他们以自己的离开，给社会链条的建立提供了更多的可能。而这更符合决定"20 世纪前期德钦政治历史"的深层文化结构。

6. 在康定发现帝国[*]

被康定吸引

　　我最初被康定吸引，是因为关注雅安。藏族人类学家格勒提出，在汉代时生活在雅安的"牦牛羌"受四川平原人群推动，一路向西，最后进入了今天的西藏。"牦牛羌西迁的路线，自巴塘一带，经芒康、察隅、波米（原文如此）一带进入雅鲁藏布江流域的可能

＊　本文为郑少雄所著《汉藏之间的康定土司：清末民初末代明正土司人生史》一书评论，原文发表于《读书》2018 年第 4 期。

性比较大。"¹ 而康定就位于雅安和巴塘的中点。

遵循格勒的指引，我曾从雅安出发，前往康定，体验这条"牦牛羌西迁的路线"。沿泸定方向进入康定，在城中心折多河和雅拉河的交汇处，塑着一座仰天射箭的郭达像。这位三国蜀国将领在康定原名"打箭炉"的传说中，担任了汉文化的代表。而他背后的郭达山岩壁上，绘制着硕大的绿度母、金刚手菩萨、宗喀巴画像，则从另一个角度诠释着"打箭炉"背后的那个更古老名称"达折多"的含义。

登上康定最著名的跑马山顶，对面半山腰南无寺的金顶射出夺目的光芒。及至寺门，右边的壁画是印度－西藏佛教徒打扮的"财神牵象"画面；左壁则是清朝大员向寺内喇嘛颁发"南无寺"额的情景。这一切提醒着往来其间的人们，藏（康巴）、汉文化在这里犬牙交错，彼此融合。其实细心观察，城里还有清真寺和教堂，尤其是远在 10 多公里外的高山上康定新城的得肋撒天主教堂，更在雪山的映衬下显得巍峨雄伟。

康定留给每个初访者的印象，总是一幅文化杂糅，九流三教精彩纷呈，又颇失头绪的画面。所幸，如此丰富的文化沉淀，正中了人类学家的下怀。郑少雄胸怀关注更大的"文明的人类学"理想，跃出传统人类学研究社区的范式，扎根康定的寺院、锅庄。在《汉藏之间的康定土司：清末民初末代明正土司人生史》一书中，用康定最后一代明正土司的人生轨迹，梳理了这个川西汉、藏通道的文化脉络，也帮助我们走进了汉、藏之间的康定。

1 格勒:《藏族早期历史与文化》，商务印书馆，2006，第 121~122 页。

康定与土司

先说康定。康定今天是甘孜藏族自治州的首府，过去汉名叫"打箭炉"，认为和诸葛亮派人造箭有关。当地人自己认为是本地话"达折多"的转写，意思与河谷有关。康定位于大渡河西岸，清末以前南北走向的大渡河可以算是川西汉、藏文化的天然分野，一般来说两者以此为界保持稳定。按另一种环境论的观点，大渡河以东，承四川平原雨水，多为农区，人口较为稠密，汉族为多；而河西则渐入青藏高原腹地，植被稀疏，悉是牧区，地广人稀。

康定从最初的山谷小村，发展成地方中心，与此地作为"茶马古道"重要驿站以及清初川西军事行动有着密切关联。康定地理上比邻雪域高原，文化上与西部藏区相似。不过，虽属三大藏区（康区、安多、卫藏）之一，但康定复杂的文化源头，又使其与藏文化核心的卫藏之间，保持一定差异，维持了自己的独立性。如此种种都注定了康定独树一帜的迷人风格。

另外，康定之所以进入人类学家的视野，则因当代人类学观察视角从一个单独的村落，过渡到更大的空间。这一点，作者继承了王铭铭对涂尔干和莫斯关于"'超社会现象'与'文明'对于社会学研究的重要性"[1]观点的发展，跃出一村、一族的有限的维度，深入了"没有清晰边界的社会现象"。而康定作为汉、藏文明的交汇之地，自然从"超社会现象"的研究对象中脱颖而出。

接下来说说土司。过去，人类学研究社会结构，所以不用关

1　王铭铭：《超社会体系：文明与中国》，生活・读书・新知三联书店，2015，第 40 页。

心表面上变化无常的历史，只需在意内在稳定的结构。但研究"文明"这类"超社会现象"时，历史就变得不可或缺。人类学家探索的历史，不是一般的历史叙述，而是个人史，也称生命史。个人史的作用在于，那些在历史上活动的个人仿佛一面镜子，通过他们在历史时刻所做的选择、决定，让我们知道他们"是如何看待文化为他们预设的道路"。换句话说，这些平凡个人的生命过程，折射出更大的结构性变化。

具体到康定这个地方，作者就选择了"明正土司"甲宜斋，来反映康定在清末这近百年的变迁。甲宜斋是一个不平凡的普通人。说他不平凡，好歹他是个世袭土司，在川西高原掌管方圆数百里的土地。民国十九年（1930）代表国民政府取道康定入藏的藏族女使者刘曼卿曾言，明正土司"极盛时代，城中竟有僚属四十八家，即今之四十八家锅庄是也。辖境极广，收入亦富，全康除德格土司外无与伦比"。[1]

然而，这样一位"辖境极广，收入亦富"的土司，又殊为普通。他由晚清进入民国后，早已没有过去的声望，生活困顿，几近平民。刘曼卿入康区时，甲宜斋已经去世近十年，她根据时人回忆写道，土司家遭遇巨变，"奄歹生蛙，宗社为墟，苍狗白云，变幻殊难测也，明正土司辖境远与四川土壤相接，赵督收康时，首先褫职，从此降为平民，益以治生乏术，私产耗尽，卒至于堕落不可收拾。所存孺子二辈，一曰联科，一曰联芳，后均夭折，土司末路可见一斑"。[2]

从这段旁人眼中的身世看来，明正土司确实在平凡中透着不

1　刘曼卿：《康藏轺征》，民族出版社，1998，第22页。

2　同上书，第22~23页。

凡。他不是一般历史叙事会多着笔墨的"大人物",甚至因为川督赵尔丰的康边"改土归流",降为平民。但他又一度担任康东最高统治者多年,高度浓缩了康定这个大渡河以西嘉绒藏族及木雅藏族活动区域和汉、藏之间的百年过往。这个土司家族在有清一代由盛而衰的过程,是如何折射出更大的"文明"的轨迹?从这个角度讲,作者选择的这个研究对象,已经牢牢抓住了读者的视线。

向东还是向西:明正土司二百年

在书中,他首先通过明正土司建制的历史,为我们呈现康定在汉、藏之间的微妙关系。虽然明正土司的历史名义上可以追溯到元、明时代,但其正式进入历史视野则要从清前期康熙朝算起。明清易代之际,汉地政府在川西的失势,促使青藏高原的蒙、藏力量越过大渡河向东渗透。在这一背景下,康熙三十八年(1699),西藏派驻打箭炉的僧人代表(喇嘛营官)因纠纷杀死了明正土司蛇腊扎巴。康熙派大军剿灭喇嘛营官的同时,准许在此次军事行动中出力甚多的宝兴木坪土司雍中七力,娶明正土司独女桑结为妻。这为后来雍中七力与桑结之子坚参达结,身兼明正、木坪土司埋下了伏笔。

这以后,明正土司传至清末的甲宜斋,全部都出自坚参达结的世系。从他的父亲出征喇嘛营官算起,坚参达结的后代始终忠实地站在清朝一边,有清一代分别参加过大小金川之役、入藏征郭尔喀、剿办清溪夷匪、协助征下瞻对、征泰宁、巴塘事件诸战役。这一关键策略反过来也为他们带来巨大回报,作者因此观察到,"1700年后的二百年来,明正土司始终紧随朝廷的步调,四方征战,屡获嘉奖,而且土司家族向来以所受到的帝国封赏作为在川边土司群体中的竞争性资本"。

相比之下,明正土司对西藏格鲁派的关系却显得若即若离。虽然信奉同一宗教,土司家也派子弟前往拉萨学习,但从清初喇嘛营官杀死土司蛇腊扎巴开始,两者就始终保持一种微妙的紧张关系。另外,值得注意的是,明正土司在清中期以后参与的清朝康边战事(瞻对、泰宁、巴塘)基本都发生在西部,而这也是明正土司和西藏方面接壤的地区。

坚参达结的后人末代土司甲宜斋,就是在这样的背景下,登上了康定的历史舞台。作者认为,在甲宜斋面前是这样一幅政治图景:"朝廷与西藏、土司与朝廷、土司与西藏之间构成了错综复杂的三角关系……土司对自己的定位就是汉藏之间的一座桥梁。"这种二元风格同样体现正在明正土司的衙门上,他的官邸一方面悬挂着"武显将军"的牌匾,另一方面"它的藏式风格体现在屋顶几座金光闪闪的佛塔上,表明土司家族与藏传佛教的渊源"。

另外,这种二元性还被认为体现在甲宜斋后半生的行为轨迹上。1900年后,甲宜斋接待过几任途经打箭炉,前往西藏处理军事问题的驻藏大臣,都给对方留下了深刻印象。以至于在通信中认为"练兵与其内地,不如(明正)土司得用",这看法迅速让甲宜斋几乎达到了人生的巅峰。他随后在四川总督平定泰宁寺的战役中一马当先,得总兵头衔;接着又在朝廷的巴塘用兵中出力,"赏给提督衔花翎"。而针对的对象都是与拉萨方面有关的格鲁派寺院。作者将之概括为:"趋近帝国:向东的摆动。"

　　然而，当末代土司刚登上人生巅峰不久，他又急速跌入谷底。宣统二年（1910）夏天，赵尔丰召甲宜斋到昌都，亲自开导他改土归流。后一年，土司改流命令正式下达。除去土司位的甲宜斋叛乱，逃到打箭炉西北的塔公草原，聚集各地土司、头人兵马，失败后滞留关外。共谋者有喇嘛策应。进入民国，他最后一次叛乱后返回打箭炉。最终于 1922 年死于川边镇守使的监狱（越狱失败）。这被概括为："逃离帝国：进入关外的世界。"

　　综合起来，正如引言部分浪漫地引用的康定谚语"放下铃铛是土司，拿起铃铛是活佛"，作者试图围绕末代明正土司建立一种独特的汉、藏之间的平衡。土司用帝国的政治、军事权威对抗西藏的宗教力量，又利用宗教和民族认同逃避帝国的束缚。甲宜斋甚至与前来炉城的天主教及基督教传教士保持诸多交往，"土司与教会的密切关系，增强了土司与西藏及汉人两个方向对话的能力，使土司社会内部的象征资源得到最大程度的凸显"。

清朝兴，土司昌；清朝衰，土司亡

　　至此我们看到，作者通过对末代明正土司人生史的叙述，努力呈现出康边土司世界的二元性。他在全书的结尾总结道："土司政治同时容纳了汉人政权和喇嘛教权的双重权威，并且成功地将之转化成兄弟关系，汉藏之间协商与合作的渠道因此更加通畅……这种有机政治联系使得汉藏文明成为一个不可分割的连续统。"

　　回到人生史的议题，人类学研究个人的历史，不仅仅为了重建一段鲜为人知的边缘历史，其深层的追求在于，用个人的生命历程，折射出更大的结构性变化。如果从这个意义来说，我们或许可以从《汉藏之间的康定土司》这个文本中，完成再一次飞跃。

　　当我们以明正土司的个人史作为镜子，又能折射出一个怎样的世界？在我们的印象中，土司是一个特殊的存在，作为地方首领，中央政权强大时，土司权力会受到削弱；反之，则政府弱，土司强。本书作者同样认为，"土司制被认为是一种形同'封建'、相对松散的地方酋长自治形式，因此给中央王朝的边疆安全和国家化过程带来了巨大的麻烦"。两者似乎长期处在一种此消彼长的动态格局中。

　　但我们在本书中，却看到了一个有趣的反例。康东明正土司之所以能在清代成为"全康除德格土司外无与伦比"的大土司，恰是因为明正一系与清政府的密切关系。他们从不在清、藏之间虚与委蛇、首鼠两端，而是为清朝竭力出战。即便甲宜斋即将被褫夺土司头衔之前，仍率领自己的土兵为政府效力于巴塘。从另一个角度看，因为清朝政府最初选择了愿意为之效力的木坪土司及其后代，才有了后来世代忠顺的明正土司。所谓"清廷得西炉（打箭炉）后，以新抚四十余小土司悉隶明正，（雍中）七力之力也"。[1] 可以这么说，恰是清政府主动扶植了明正土司，让其担任自己进入川藏通道入口的"代理人"。而之后，明正土司在清朝川边行动中屡屡效力，并因之获得经济、声望上的巨大回报，其实都是积极效力的结果。一言以蔽之，清朝在川边的军事活动越频繁，则明正土司的实

1　任乃强:《民国川边游踪之"天芦宝札记"》，中国藏学出版社，2010，第47页。

力越强。

为何会出现"清朝兴，土司昌"这一独特的现象？抛开康定靠近四川平原远离卫藏这个表面的印象，从经济人类学的角度，或许有助于理解这种关系的缘由。康定以东为农区，以西为高山草原。东部"一人一马"的生计、交通法则在这里不再通行。传统时代，出打箭炉往西，需要组织成百上千的牦牛群充当驮队同行，才能保障人员生活、生命，这种牦牛队伍被称作"乌拉"。无论是运输茶叶，还是清朝将领西征都离不开"乌拉"。正是为国家军事行动征集"乌拉"、提供粮草，以及支付后续补给的过程，使清军的军费支出以再分配的方式，留在了藏区，巩固了土司的财富和权力基础。（相对地，这从经济角度也可以解释书中提到的"蛮不支蛮差"现象：给土司、营官或活佛提供"乌拉"，是没有经济回报的。）

显然，在这样的机制促进下，明正土司和清朝之间，形成了"一荣俱荣"的关系。同时，也注定了后半句，"一损俱损"的现实。甲宜斋得总兵头衔，旋又"赏给提督衔花翎"的人生巅峰时刻，与他后来的叛逃并不矛盾，其实都是同一事件的两面。任乃强曾一语道破清朝末期面临的困境和对策，"当时中国有太平天国之难，清廷财用匮乏，大开川边采冶"。[1]这点在书中其实也有提及，"朝廷川边新政的内容之一就是开矿屯垦"，而甲宜斋家族更是清政府在西部的瞻对地方开设金矿的积极推动者。

表面上，明正土司与清军合作，顺利击败了受西藏政权遥控的泰宁寺和瞻对地方寺院。然而，这无法掩盖另一个相反的事实：清朝方面的胜利，恰好折射出其走向衰败的轨迹。清朝觊觎川边的矿

---

[1]　任乃强：《民国川边游踪之"天芦宝札记"》，中国藏学出版社，2010，第56页。

产，反映了太平天国之难，以及两次鸦片战争后，"清廷财用匮乏"的窘境。这同样也揭示了驻藏大臣那句"练兵与其内地，不如（明正）土司得用"的真相，因为清军在兵源和补给方面的能力大不如前，唯有借助土司地方的人口资源方才弥补。

借助这样一种更大的视角，我们或许有机会重新审视甲宜斋从"改土归流"到叛逃，到最终去世的全过程。首先，"改土归流"反映的事实令人唏嘘，这一切并没有发生在帝国强盛之时，反而是一系列衰弱的表征之一。和川边新政、开矿屯垦，以及借兵土司一样，改土归流的真相，是清政府陷入人力、物力不足困境后的"开源"方案。

其次，正如历史证明的那样，这些手段并不能挽救摇摇欲坠的帝国，更对被解职的明正土司造成了巨大伤害。当帝国夺走土司的属民，减少川边军事行动的开支后（节流），"乌拉"与其他收入的下降，造成了前土司权力、地位的节节滑落（因经济纠纷，沦为前属民的被告）。土司权威和实力的骤减，反过来加剧了川边失控的情况。

最后，甲宜斋的"叛乱"，反证了从清初以来明正土司一系对清朝的忠顺。与其说他是为了维护自己土司的头衔，不如说是对那个突然由盛而衰的清帝国的无法释怀。种种线索表明，在整场清廷导演的"改流"大戏中，前明正土司并未转向卫藏一边。但他的叛乱无疑加速了罹于总体收入下滑之难中的清政府更快的衰亡。

综上，在很大程度上，明正土司的兴衰轨迹，与其说是土司二元性选择的结果，毋宁视作帝国"在场"的证明。"清朝兴，土司昌；清朝衰，土司亡"，是之也。

四川 =（四川：康区）

出生于阿坝州的藏族作家阿来曾经说过："（20世纪初期）川军和西藏地方政府曾经有过一段很长时间的战争，你可以看到一个很有意思的现象：康区的土司很多向着川军，但是寺院却向着西藏地方政府。西藏是真正的政教合一，康巴也是政教合一，但不同的是世俗的权力超过寺庙，这一点和西藏正好相反。这世俗的权力从何而来？虽然主要是依靠各土司的实力，但名义上还都是从中央来的。名不正则言不顺。"[1]

阿来的话富有启发意义地指出了，康巴地区并非不存在汉、藏间的二元关系。这二元分别由土司和寺院具体担当，并不是土司一力承担。康定城中，那座至今犹存的"南无寺"门壁画中，一边的清官颁额，一边的财神牵象，在一定程度上更能体现出这种二元特征。或许限于材料缺乏，寺院方面在本书中的失声，让我们未能实现对另一源头的文化实践的有效倾听。

但是，作者通过末代明正土司的生命史叙述，的确通过清末川边的土司事迹，表达了自己对边疆政治的空间结构的解释：四川 =（四川：康区）。他将四川视为一个具有包容性的体系，在这个等式中，前一个四川包括康区（川边）在内，后一个四川则仅指汉人居住的四川腹地。他创造性地运用了这一路易·杜蒙意义上的对立涵盖关系，描述了西南边疆的动态关系。相关文献提到，当前土司在民国最后一次叛乱时，有喇嘛怂恿他脱离筹建中的西康省，继续转投四川，喇嘛认为，只有成为汉人的边地，才是边疆族群的生存之道。而这与两百年间前辈明正土司与清朝互动策略的不谋而合，恰

1　蔡伟：《寻访最后的土司官寨》，《三联生活周刊》（2006年10月39期），第156~162页。

好证明了土司在边疆体系中扮演的重要角色。

从清初开始，明正土司就始终站在清朝开边的前线，这种对帝国事务的积极参与，为其获得了巨大的收获，无论是政治上还是经济上，以至于土司家族甚至以具有皇室血统的传闻为荣。这种随帝国事业而蒸蒸日上的上升势头，也必然随着帝国的衰微而下落。清末的国家财政危机同样无远弗届地波及到了川边土司身上。从泰宁寺到巴塘，最终"改土归流"也落到明正土司头上。这一切并非土司的策略出了问题，只因土司背后的帝国不复强盛，传统的边疆关系变得模糊不清。

回到本书核心的议题，"汉藏之间的康定土司"折射了一个庞大国家的空间结构。这背后反映的其实是人类文化传递的一种方式。按照格勒曾经指出的川西人群"自东向西"的迁移路线，东部的汉文化始终扮演了推动者的角色，而西部的藏文化则起到了拉动者的作用。因此，与其说位于川西的康定是两种文明之间"裂缝中的桥"，沟通了两者之间的鸿沟，不如说，这是一条人类文明之流源源不断流淌的通道。

图书在版编目（CIP）数据

从考古发现中国 / 张经纬著. -- 北京：社会科学
文献出版社，2019.12
　（九色鹿）
　ISBN 978-7-5201-5242-6

Ⅰ.①从…　Ⅱ.①张…　Ⅲ.①考古学－中国－文集
Ⅳ.①K870.4-53

中国版本图书馆CIP数据核字（2019）第163905号

·九色鹿·
从考古发现中国

著　　者 / 张经纬

出 版 人 / 谢寿光
责任编辑 / 郑庆寰
文稿编辑 / 闫富斌

出　　版　社会科学文献出版社·历史学分社（010）59367256
　　　　　地址：北京市北三环中路甲29号院华龙大厦　邮编：100029
　　　　　网址：www.ssap.com.cn
发　　行 / 市场营销中心（010）59367081　59367083
印　　装 / 北京盛通印刷股份有限公司

规　　格　开　本：787mm×1092mm　1/16
　　　　　印　张：20.75　插　页：1　字　数：245千字
版　　次 / 2019年12月第1版　2019年12月第1次印刷
书　　号 / ISBN 978-7-5201-5242-6
定　　价 / 68.80元

本书如有印装质量问题，请与读者服务中心（010-59367028）联系